新能源汽车发展及产业链建构研究

阮帅 著

九州出版社
JIUZHOUPRESS

图书在版编目（CIP）数据

新能源汽车发展及产业链建构研究 / 阮帅著.
北京：九州出版社，2025. 2. -- ISBN 978-7-5225
-3677-4

Ⅰ．F426.471

中国国家版本馆CIP数据核字第20251QW415号

新能源汽车发展及产业链建构研究

作　　者	阮帅 著
责任编辑	杨鑫垚
出版发行	九州出版社
地　　址	北京市西城区阜外大街甲 35 号（100037）
发行电话	(010)68992190/3/5/6
网　　址	www.jiuzhoupress.com
印　　刷	北京星阳艺彩印刷技术有限公司
开　　本	787 毫米 ×1092 毫米　16 开
印　　张	10.5
字　　数	198 千字
版　　次	2025 年 6 月第 1 版
印　　次	2025 年 6 月第 1 次印刷
书　　号	ISBN 978-7-5225-3677-4
定　　价	68.00 元

前　　言

19世纪，煤和蒸汽机火车引发了欧洲的工业革命，开创了工业经济和工业文明；20世纪，石油和内燃机汽车促成了美国的经济腾飞，把人类带入了基于石油的经济体系和物质繁荣时期；进入21世纪，石油类型的交通能源压力日渐凸显，环保压力日益增大，客观上导致了以替代燃料、可再生能源、清洁能源和混合动力为代表的各种新型汽车能源动力技术的迅猛发展和竞争，引发了新的技术变革，催生了新能源汽车产业的形成。

新能源汽车产业作为新兴产业之一，在替代能源、新材料、车联网、基础设施、商业模式等方面有着重要作用，尤其其节能环保效果极为明显的技术路径，对传统汽车的发展是一种促进。从全球来看，发展新能源汽车产业已被多国列为引领未来汽车能源技术、电子技术、互联网技术、材料技术和全面提升汽车产品竞争力的战略性新兴产业。

新能源汽车在使用阶段既可减少对石油能源的依赖，还可减少污染物及温室气体的排放，在节能环保方面与常规能源汽车相比具有很大的优势。但是，从能源生产使用的全生命周期考虑，新能源汽车对环境生态的友好程度是相对的，因为新能源汽车作为一种能源载体，它的清洁程度依赖所用能源本身的清洁程度。比如，源于火电的新能源汽车就未必是一种清洁汽车；只有源于水电、风电、光伏发电、核电等清洁能源的新能源汽车才称得上是名副其实的清洁汽车。

本书共设六章内容：第一章对新能源汽车产业的内涵与相关理论等进行了阐述；第二章对新能源汽车产业市场与技术发展进行了论述；第三章对新能源汽车产业链的建构进行了论述；第四章对新能源汽车产业风险形成机理及风险识别与评价研究框架进行了研究；第五章对新能源汽车产业发展的相关政策进行了分析；第六章对新能源汽车产业链的发展提出了策略与展望。

希望本书通过传播科技方法、交流科学思想，不仅能向青年学子、普通市民、非同行知识群体、汽车爱好者普及新能源汽车科技知识，还能激励更多的社会人士关注新能源汽车，研究新能源汽车，投身于中国新能源汽车产业的振兴中。

本书在撰写过程中，笔者参考借鉴了大量的文献，得到许多学者与同行的指导和帮助，在此笔者表示诚挚的谢意。书中所涉及的内容难免有所疏漏与不够严谨之处，敬请专家和读者朋友批评指正。

目　　录

第一章　新能源汽车产业概述

在汽车 100 多年的发展历史中，新能源汽车的发展经历了曲折的过程：早在 1881 年，法国工程师古斯塔夫·图沃（Gustave Trouve）发明了以铅酸蓄电池为动力的世界上第一辆可充电电动汽车。之后，作为新能源汽车之一的电动汽车曾在历史上数次被提上产业化的议程，然而最终都未能成功施行。在当时的社会，经济及技术等诸多因素的限制使得电动汽车无法与以石油为燃料的内燃机汽车相匹敌。

随着汽车工业的发展和汽车保有量的不断增加，石油这一不可再生能源储量锐减，石油资源短缺危机日益严重，汽车动力迫切需要寻找新的能源。同时，汽车的普及使用使得由排气产生的环境污染、全球变暖等问题，严重威胁地球的气候环境和生物生存环境。在全球能源短缺、环境污染和气候异常的多重压力下，开发和推广以低碳、节能、环保能源为动力的新能源汽车已是大势所趋。

第一节　新能源汽车的内涵和范围

新能源汽车的兴起顺应了时代发展的需求，那么何为新能源汽车呢？

新能源汽车的"新"是相对传统燃油汽车而言的，目前尚未有被统一认可的定义，世界各国对新能源汽车的定义不尽相同。中国对新能源汽车的界定也进行了变更，工业和信息化部发布并于 2017 年 7 月 1 日起施行的《新能源汽车生产企业及产品准入管理规定》（以下简称《规定》）界定新能源汽车并划定了范围：新能源汽车是指采用新型动力系统，完全或者主要依靠新型能源驱动的汽车，包括纯电动汽车、插电式混合动力（含增程式）汽车和燃料电池汽车等。

相较于被废止的于 2009 年 7 月 1 日起实施的《新能源汽车生产企业及产品准入管理规则》（工产业〔2009〕第 44 号），2017 年《规定》强调了"新型动力系统"和"新型能源驱动"，注重以"电"替代"油"和以"氢燃料"替代"油"的功能，这种能源替代战略旨在降低汽车对石油的依赖程度。2009 年版内涵界定中覆盖的混合动力汽车、其他新能源（如高效储能器、二甲醚）汽车等类别产品，以及采用铅酸蓄电池的电动汽车均不再纳入新能源汽车范围。

一、纯电动汽车

纯电动汽车（Battery Electrie Vehicle，BEV）是由车载可充电蓄电池（如锂离子电池、铅酸电池、镍镉电池或镍氢电池等）提供电能，由电动机驱动前进的汽车。纯电动汽车的电池相当于传统汽车的油箱，电动机相当于传统汽车的发动机。

传统内燃机汽车主要由发动机、底盘、车身、电气设备四大部分组成。纯电动汽车与传统汽车相比，取消了内燃发动机，传动机构发生了改变，根据驱动方式不同，部分部件已经简化或者被取消，主要增加了电力驱动控制系统。电力驱动控制系统是纯电动汽车的核心部分，决定了整个纯电动汽车的结构组成及性能特征。

电力驱动控制系统主要由电力驱动主模块、车载电源模块和辅助控制模块三大部分组成。电力驱动主模块主要由中央控制单元、驱动控制器、电机、机械传动装置和车轮等部分组成，其主要功能是将存储在蓄电池中的电能高效地转化为车轮的动能，并能够在汽车减速制动时将车轮的动能转化为电能充入蓄电池；车载电源模块主要由蓄电池电源、能源管理系统和充电控制器三部分组成，其主要功能是向电动机提供驱动电能、监测电源使用情况以及协调充电放电控制；辅助控制模块主要包括辅助动力源、动力转向单元、驾驶室显示操纵台和辅助装置等，主要为电动汽车提供辅助电源，起控制动力转向、电池充电等作用。

纯电动汽车具有使用时零排放、无污染，可避免对石油的依赖等优点，是目前中国能源战略转型的重点，具有巨大的市场发展潜力。阻碍纯电动汽车发展的主要因素是动力蓄电池的性能不稳定、电池容量不够，以及难以支持长时间行驶等。

二、插电式混合动力汽车

插电式混合动力汽车（Plug-in Hybrid Electrie Vehicle，PHEV）兼具纯电动汽车和混合动力汽车的优点，是一种在常规情况下可从非车载装置中获取电能、优先在纯电动模式下行驶的混合动力电动汽车。它既能通过获取电网电能而充分降低燃油消耗，又不完全依赖充电基础设施，是一种成本相对较低且容易实现的过渡性电动汽车。

与传统混合动力汽车依靠"电机＋发动机"共同完成不同，插电式混合动力汽车驱动电机功率和扭矩比较大，与纯电动汽车的电机相同或略小，在纯电动模式下足以完成汽车启动、加速、爬坡等各种工况行驶。此外，它在蓄电池包的荷电状态（state of charge，SOC）降到一定限值时能切换到混合动力模式行驶，由发动机直接驱动汽车或拖动发电机发电来供电机驱动汽车，并补充蓄电池电能，而并不依赖充电站停车充电。

按动力系统结构形式，插电式混合动力汽车可以划分为串联式（增程式）、并联式和混联式三种类型。

串联插电式混合动力汽车只依靠驱动电机驱动行驶，发动机仅作为动力源，汽车只靠驱动电机驱动行驶。

并联插电式混合动力汽车结构承续了中混、强混型油电混合动力汽车的设计思路，由可连接电网的充电器为电池充电，通过电池向电机供电作为动力输出的一条路径，另一条路径是由燃油发动机单独向传动系统传输动力。

混联插电式混合动力汽车的特点在于电机驱动系统和内燃发动机系统各有一套机械变速机构，两套机构或通过齿轮系，或采用行星轮式结构结合在一起，从而综合调节内燃机与电机之间的转速关系，在低速时只靠电动机驱动行驶，速度提高时发动机和电动机相配合驱动。与并联系统相比较，混联系统可以更加灵活地根据工况来调节内燃机的功率输出和电机的运转，因此结构较为复杂。

三、燃料电池汽车

燃料电池汽车（Fuel Cell Vehicles，FCV）是电动汽车的一种，它是以氢气、甲醇等为燃料，不经过燃烧，在汽车上直接将化学能转化为电能作为驱动力的汽车。

燃料电池汽车的核心部件是燃料电池系统。燃料电池系统的核心是燃料电池电堆，此外还配备了燃料供给系统、氧气供给系统、气体加湿系统、水循环以及反应物生成处理系统等，用以确保燃料电池电堆正常工作。

燃料电池与蓄电池不同，通过捕捉原子结合成分子时释放出的电子而直接将化学能转化为电能。因燃料直接通过电化学反应产生电能，无热能转换过程，故燃料电池汽车的能量转换率高，而且电池的化学反应过程不会产生有害物质，属于无污染汽车。

从长期来看，包括纯电动、燃料电池在内的纯电驱动将是新能源汽车的主要技术方向，在短期内插电式混合动力将是重要的过渡路线。

到 2025 年，我国新能源汽车核心技术达到国际先进水平，质量品牌具备较强国际竞争力。纯电动汽车成为新销售车辆的主流，公共领域用车全面电动化，燃料电池汽车实现商业化应用，高度自动驾驶汽车实现规模化应用，充换电服务网络便捷高效，氢燃料供给体系建设稳步推进，有效促进节能减排水平和社会运行效率的提升。

第二节　新能源汽车产业链

产业链是指从原始资源直到最终消费的一系列生产活动中,基于内在的技术经济联系,若干相关产业部门客观形成的有序的、前后顺序关联的经济活动的集合。产业链可以划分为上、中、下游。产业链中大量存在上、下游关系和相互价值的交换,上游行业向下游行业输送产品或服务,下游行业向上游行业反馈信息。

传统汽车产业链包括汽车生产制造本身以及和汽车产业相关联的产业(原材料供应、汽车服务等),涉及国民经济生产的众多部门。新能源汽车的出现在一定程度上改变了原有汽车产业的形态和格局。

一是增加了储能环节产业。新能源汽车主要以电能(包括氢等燃料转化的电能)来替代汽油、柴油等需要燃烧或燃烧后产生大量碳化合物的物质作为能源。电能的储备和转化对于新能源汽车来说至关重要。可充电蓄电池和燃料电池的容量、衰减速度、安全性、成本等,直接制约着新能源汽车产业的发展。

二是改变了驱动机械产业。驱动机械产业由燃油发动机转变为电动机产业,对应产生电机驱动控制系统产业。

三是改变了配套设施产业。新能源汽车的能源补充方式发生了变化,插电式混合动力汽车和纯电动汽车需要充电站及相关配套,燃料电池汽车则需要燃料补充站;新能源汽车关键部件的维修、电池废弃处理等都需要相应的产业环节。

整个新能源汽车产业链主要包括原材料供应、关键零部件生产、整车制造、配套和服务四个环节。相较于传统汽车产业链,其独特在于:上游动力电池、驱动电机及电控系统,尤其是动力电池作为新能源汽车产业链中最关键、最核心的环节,占据了整个产业价值链的高端部分。在新能源汽车的成本构成中,动力电池和驱动电机的占比最高。以插电式混合动力汽车为例,电池电机及相关组件成本约为燃油系统的2倍;而在纯电动汽车的成本构成中,动力电池和驱动电机的占比可以达到整车的50%以上。动力电池、驱动电机和电控系统等关键零部件也是发展新能源汽车的最大掣肘,其中动力电池作为新能源汽车的心脏,其寿命、成本在很大程度上影响着新能源汽车的整体性能和产业发展进程。

一、新能源汽车产业链的构成

近年来，新能源汽车产业的蓬勃发展全面激活了整个产业链。新能源汽车产业链的构成相比于其他普通产品产业链来说要复杂得多，与其关联的产业很多。如果全面系统地论述整个新能源汽车产业链系统，涉及内容过多且过于复杂，与本书的主题也不相符。因此，本书以新能源汽车的核心部件动力电池为中心，论述与新能源汽车直接相关的产业链环节，主要包括上游的原材料供应和重要零部件的生产与研发、中游的整车制造、下游的汽车销售与售后服务以及电池回收处理等。

本节将新能源汽车产业链大致分为上、中、下游。

（一）上游

上游主要包括电池原材料和电池生产企业。金属锂、金属镍分别为制造锂电池和镍氢电池的重要原材料，其中我国金属锂含量占世界总储量的10%，位居世界第三，而镍资源在我国储量位居世界第九。金属锂、金属镍等都是我国比较丰富的资源。当前市场上的动力电池主要包括锂离子电池、燃料电池、铅酸电池和镍电池四种类型。就总体发展状况和应用而言，锂离子电池在我国是商业化最成功且发展最成熟的产品，我国锂电池总产量位于世界第二。目前，国内有50多家竞争品牌公司生产锂离子电池，而位于领先地位的比亚迪每年产量约为40 GW·h，其生产的锂电池主要用于制造纯电动汽车。随着当前技术的日趋成熟，镍氢电池具有巨大的市场潜力，广泛应用于制造插电式混合动力汽车中。铅酸电池有很长的发展历史，其成本相对较低，但容易污染环境，因此其发展遭受很大限制，已经逐渐被淘汰，目前主要用于启动电动自行车和部分汽车。燃料电池主要燃料为氢气，虽然相对环保，但由于技术尚未成熟且生产成本较高，很难在短期内实现产业化发展。截至目前，新能源汽车已经基本实现产业化发展。

（二）中游

首先，从整车技术上来看，新能源成品车主要为纯电动汽车、插电式混合动力汽车以及燃料电池汽车，其中纯电动汽车由于发展较快已经实现规模化产出，并于2006年通过安全性证明实验。插电式混合动力汽车相比于纯电动汽车发展较为缓慢，但已经处于试运行阶段。随着整个行业的迅速发展，虽然燃料电池的技术研发难度很大且生产成本较高，但在我国武汉光谷已经生产出氢燃料电池汽车，续航能力高达1000 km，之后将会大规模量产投放市场。其次，就产品结构而言，2023年，纯电动汽车销量在新能源汽车总销量中占比最大，达670.4万辆；插电式混合动力汽车的销量为280.4万辆；燃料电池汽车销量最少，为5791辆。

（三）下游

下游主要面向消费者服务产业，包括汽车销售或租赁以及售后服务、新能源汽车基础设施建设（换电站、充电桩等）、动力电池回收企业等。从基础设施建设层面来看，根据相关统计数据，截至 2023 年底，新能源汽车在我国累计保有量已达 2041 万辆，充电基础设施累计达 859.6 万台，同比增加 65%。我国已建成世界上数量最多、辐射面积最大、服务车辆最全的充电基础设施体系。充电服务网点密度持续增加，充电便利性大幅提升。2023 年，我国新增公共充电桩 92.9 万台，同比增加 42.7%；新增随车配建私人充电桩 245.8 万台，同比上升 26.6%；高速公路沿线具备充电服务能力的服务区约 6000 个，充电停车位约 3 万个。在公共充电桩中，快充桩数量占比已提升至 44%。换电基础设施建设加快，2023 年，我国新增换电站 1594 座，累计建成换电站 3567 座。2023 年，我国充电基础设施新增 338.6 万台，同比增长 30.6%；新能源汽车国内销量为 829.2 万辆，同比增长 33.5%，桩车增量比为 1∶2.4，基本满足新能源汽车快速发展需求。

二、新能源汽车产业链发展的关键环节

根据上文对新能源汽车产业链结构的分析，其各个环节主要包括电池生产商、整车制造商、销售商和售后服务等。现阶段，电池作为新能源汽车最关键的零部件，电池的质量水平直接决定整车的质量。因此，新能源汽车电池技术的发展对促进新能源汽车产业的发展起着直接推动作用，同时新能源汽车电池技术创新也是实现产业链升级的关键。

新能源汽车产业链上的电池生产企业增加研发投入对电池技术进一步研发和创新，不仅能够提升新能源汽车的续航里程，而且可以有效减少汽车使用过程中发生的各种与电池有关的问题，在很大程度上提高了汽车的行驶效率。由此可见，改善电池技术提高电池质量是新能源汽车产业发展必须解决的关键问题，也是新能源汽车产业链发展的关键环节之一。

同时，因新能源汽车是在资源节约和环境保护的理念下产生的，故新能源汽车电池使用后的环境污染问题也是产业链发展必须要重视的。我国目前尚未形成完善的动力电池回收利用体系，急需建立完善的电池回收利用体系实现对废旧电池有效回收利用，以有效践行可持续发展理念，同时推动新能源汽车绿色产业化发展，也是目前新能源汽车产业链发展的关键环节之一。

第三节　新能源汽车产业的相关理论

一、可持续发展相关理论

（一）能源危机的预见性

当今世界的人口激增，使得人们不得不对资源的短缺而感到焦虑。《BP世界能源展望（2024年版）》显示，2035年世界能源需求量将增加60%左右，这与全球多数发展中国家经济的快速发展、全球人口基数上升、大量贫困人口脱贫有关。石油仍然是当今乃至今后一段时间主要的能源来源，而有限的石油资源不得不让人们为其枯竭而早作打算。石油这种不可再生能源主要分布于东半球与北半球，中国目前已探明的石油资源有限，在很大程度上需要依赖外国进口。

大力发展新能源汽车成为确保我国能源安全、减少我国对外石油依赖度、缓解我国石油供需缺口的有效手段。唐葆君等（2015）对传统燃油汽车与新能源汽车的能耗结合车用燃料生命周期成本模型进行了分析，发现传统燃油汽车的年能耗远远高于纯电动汽车、混合动力汽车。以能耗最低的纯电动汽车为例，在2012年其能耗仅为传统燃油汽车的一半，也就是说，当年如果消费者选择购买纯电动汽车而不选择购买传统燃油汽车，那么可以节约2.05 t标准煤或替代2160 L汽油，将会极大缓解我国石油供需缺口。同时，《节能与新能源汽车产业发展规划（2012—2020年）》指出：到2015年，我国当年生产的乘用车平均燃料消耗量降至6.9 L/100km，节能型乘用车燃料消耗量降至5.9 L/100km以下；到2020年，我国当年生产的乘用车平均燃料消耗量降至5.0 L/100km，节能型乘用车燃料消耗量降至4.5 L/100km以下。届时，随着中国新能源汽车研发与生产技术的不断积累与突破，新能源汽车节能效果会越发突出。通过有预见性地发展新能源汽车，能够有效规避可能出现的能源危机，使我国能源得到更加有效的配置，满足新时代中国经济发展的能源需求。同时，《新能源汽车产业发展规划（2021—2035年）》指出：到2025年，我国新能源汽车市场竞争力明显增强，动力电池、驱动电机、车用操作系统等关键技术取得重大突破，安全水平全面提升。纯电动乘用车新车平均电耗降至12.0千瓦时/百公里，新能源汽车新车销售量达到汽车新车销售总量的20%左右，高度自动驾驶汽车实现限定区域和特定场景商业化应用，充换电服务便利性显著提高。力争经过15年的持续努力，我国新能源汽车核心技术达到国际先进水平，质量品牌具备较强国际竞争力。纯电动汽车成为新销售车辆的主流，公共领域用车全面电动化，燃料电池汽车实现商业化应用，高度自动驾驶汽车实现规模化应用，充换电服务网络便捷高效，氢燃料供给体系建设稳步推进，有效促进节能减排水平和社会运行效率的提升。

（二）减少排放的紧迫性

生态环境部公布的第一批城市大气细颗粒物（$PM_{2.5}$）源解析结果显示，在北京、上海、杭州、广州和深圳等城市机动车排放已经成为 $PM_{2.5}$ 的首要来源，其中深圳的机动车排放占该城市大气细颗粒物（$PM_{2.5}$）源比例高达 41.0%。其中部分北方城市在冬季供暖使机动车对大气细颗粒物的影响有所下降，但是机动车排放对环境污染的累积效应作用还是很大。

根据生态环境部发布的《中国移动源环境管理年报（2023 年）》，2022 年全国机动车（包括汽车、低速汽车、摩托车、挂车与拖拉机等）四项污染物排放总量为 1466.2 万吨。其中，一氧化碳（CO）、碳氢化合物（HC）、氮氧化物（NO_x）、颗粒物（PM）的排放量分别为 743.0 万吨、191.2 万吨、526.7 万吨、5.3 万吨。汽车是污染物排放总量的主要贡献者，其排放的 CO、HC、NO_x 和 PM 占比超过 90%。空气污染造成的主要是人体健康成本，加之汽车大多行驶在人口密集的区域，故而汽车排放的污染物将直接威胁人民群众的身体健康。根据生态环境部的测算，未来我国机动车保有量还将继续增加，可以想象在不久的将来我国的大气环境将面临巨大的压力。新能源汽车因其对环境的友好性，不得不成为替代传统动力燃油汽车的选项。

上述污染物并不包括二氧化碳。二氧化碳是能源燃烧充分的产物，并不会对人体健康产生直接的威胁。但是大气中过量的二氧化碳却是造成全球气候变化——"温室效应"的主要原因。为应对全球气候变化，多国共同签署了《巴黎协定》，中华人民共和国全国人大常委会于 2016 年 9 月批准中国加入《巴黎协定》，中国成为第 23 个完成批准协定的缔约国。《巴黎协定》指出，各方将加强对气候变化威胁的全球应对，把全球平均气温较工业化前水平升高控制在 2℃ 之内，并为把升温控制在 1.5℃ 之内努力。对于发展中国家来说，降低单位国内生产总值二氧化碳量等同于放慢国内经济的发展速度。2020 年，中国单位国内生产总值二氧化碳排放量要比 2005 年减少 40%～50%，这对处于高速发展期且急需发展的中国是一个两难的境界。如果能够降低汽车所排放的二氧化碳以换取部分工业的发展，将对中国经济发展产生积极影响。根据测算，新能源汽车的二氧化碳排放低于传统动力燃油汽车。在目前，新能源汽车中虽然纯电动汽车能够在行驶过程中做到对二氧化碳的零排放，但是当前国内的发电形式多以火力发电为主，发电过程也将造成大量的二氧化碳排放，故而混合动力汽车的二氧化碳排放量最低。2020 年以后，随着中国风能、水力、核能等多种发电方式的大力发展与电力输送技术的发展，纯电动汽车对二氧化碳的排放将大幅降低，使得其成为最"清洁"的车型。通过大力推广新能源汽车，2022 年我国二氧化碳排放量较上一年下降了 2300 万吨。

（三）可持续发展与产业升级

2014 年，习近平总书记在视察上海汽车集团时指出，发展新能源汽车是我国从汽车大国迈向汽车强国的必由之路，要加大研发力度，认真研究市场，用好用活政策，开发适应各种需求的产品，使之成为一个强劲的增长点。长期以来，我国汽车产业大而不强，在全球汽车市场上并不具有特别大的优势。特别是中国经济进入新常态与"供给侧改革"时期，要求国内汽车生产商把握市场需求，适应市场需求，提高产品质量。2023 年，我国对外出口汽车 522 万辆，我国同年进口汽车 80 万辆。当前，我国汽车进出口数量缺口大，也反映了我国汽车产业的窘境。跻身汽车强国，不仅需要重视国内生产，还需要瞄准全球市场。2022 年，欧盟与美国等地区与国家提高了汽车进口的排放标准，进口政策更加倾向于具有节能减排优势的新能源汽车，促使中国车企大力发展新能源汽车，以换取更多的市场份额。同时，根据相关学者测算，发展新能源汽车对我国汽车产业具有相当大的拉动作用，新能源汽车领域每增加一个就业机会，就能带动相关产业增加 8 个就业机会。从整个产业链的视角来看，新能源汽车产业还能够带动 100 多个产业的发展。这将对我国汽车工业应以"创新驱动、质量为先、绿色发展、结构优化、两化融合"为指导方针，为实现从"汽车大国"向"汽车强国"的转变提供巨大的推动作用。

发展新能源汽车还对整合我国多年积累的汽车研发技术、促进汽车产业升级具有重要作用。2015 年，时任总理李克强同志在全国节能与新能源汽车产业发展推进工作座谈会中指出，加快发展节能与新能源汽车，可以有效促进汽车产业转型升级。掌握核心技术是确保产业安全的重要前提，是拥有可持续竞争力的根本保障。新能源汽车产业的出现无疑是为中国提供了在全球汽车行业进行"弯道超车"的机会。通过培育与发展新能源汽车能培育出一大批电化学、新材料、汽车电子、车辆工程、机电一体化等方面的专业人才，带动整个汽车产业实现转型升级。

（四）可持续发展与需求变化

以计算机为代表的科学技术的快速发展，给世界带来了日新月异的变化。大数据、云计算、人工智能每时每刻都在改变着人类的生活，随之发生快速改变的还有消费者的需求。正如当年传统动力燃油汽车问世前，消费者已经有了对更好交通工具的需要一样，供给是需要追逐并满足需求的。具体来说，当前消费者对传统动力燃油汽车需求的改变主要有以下两个原因。

其一，消费者作为经济人会对出行方式做出理性的分析。目前，国际石油价格起伏不定，大大上升的油耗成本使得消费者有了选择新能源汽车的理由。同时，在全球宣扬"低碳、绿色"的生活方式下，消费者将会把更多目光转移到新能源汽车上。加之，2016 年开始，四部委在全国范围内开展新能源汽车推广，并对购买新能源汽车的消费者进行购车补贴，消费者对新能源汽车的购买意愿有所增加。

其二，各行各业新技术导入对消费者需求的冲击。相比于汽车行业，手机、计算机等数码制造业不断应用各种新技术，不断满足消费者对产品的需求。使用电动机的新能源汽车相比与使用内燃机的传统动力燃油汽车噪声和振动水平都更加小，其舒适程度远远高于传统动力燃油汽车。由此可见，消费者不得不对智能化、低碳化、轻量化的新能源汽车产生需求，渴望技术更加先进的新能源汽车改变出行方式、提升体验度。

发展新能源汽车是企业对用户需要的追逐，是保持企业生命力的必要措施。

二、市场失灵与政府干预相关理论

亚当·斯密（Adam Smith）在其著作《国富论》中第一次创造性地引入了"看不见的手"[①]这个概念来描述完全竞争性市场的优势，他认为在这样的市场下，人们在无意识的情况下，也能创造有利于全社会的结果。究其原因是"自由"这个关键因素，人们能够"自由"改变职业，个人资产也能够"自由"流向各个领域，由此诞生了一批崇尚"市场可以自发调节经济并优化资源配置"理念的经济学家，这种思想也随着众多经济学家的拥护主导了近 150 年的西方经济学界。然而随着社会经济的发展，资本主义无法避免的周期性波动频频出现，让人们对"看不见的手"产生了一次又一次怀疑，这些怀疑成为经济学家关注"市场失灵"的萌发点。

古典经济学集大成者马歇尔（Alfred Marshall）在《经济学原理》[②]中讨论了报酬定律。过去，人们对报酬的理解强调的是其递减的规律，被人们广泛接受并应用于指导工资、利润等分配中。马歇尔开创性地将报酬递减、报酬不变、报酬递增统一起来讨论，形成了完整的报酬定律。规模报酬递增是大型企业生产实际情况的客观反映，这样一来，大企业便会逐渐具有生产优势，无形中形成一种垄断。虽然马歇尔用了大量篇幅来解释，但是并没有改变"报酬递增"理论所反映出的"市场失灵"事实。

A. C. 庇古（Arthur Cecil Pigou）是马歇尔的学生，也是其理论的坚定拥护者。庇古在《福利经济学》中通过讨论个人福利与社会福利发现边际私人净产值和边际社会净产值不一定相等。[③]以边际私人净产值为例，如果边际私人净产值为他人带来了利益，那么边际社会净产值就大于边际私人净产值；如果边际私人净产值损害了他人，

①［英］亚当·斯密.国富论［M］.孙善春，李春长译.郑州：河南大学出版社，2020.

②［英］马歇尔.经济学原理［M］.章洞易译.北京：北京联合出版社，2015.

③［英］A.C.庇古.福利经济学［M］.北京：商务印书馆，2006.

那么边际社会净产值就小于边际私人净产值，这就是"外部性"的概念。庇古以厂商为例，认为个别厂商不顾对社会效益的损害，只在意自己的边际净产值，那么就需要对这些厂商进行征税，对其他被损害的个体进行补贴，这就是著名的庇古税。

琼·罗宾逊（Joan Robinson）是一位杰出的女性经济学家，《不完全竞争经济学》是其代表作。她创造的"买方垄断"①一词被后来的经济学家广泛接受，这一词承袭了马歇尔的学术思想，多用于劳动力市场。

"不完全竞争"一词的光芒由爱德华·张伯伦（E.H. Chamberlin）创造的"垄断竞争"②一词所掩盖。张伯伦的垄断竞争理论涉及产品差异与销售成本两个基本概念，他认为任何生产具有差异性产品的卖方都有成为垄断者的可能，另外他也将销售成本与生产成本分开讨论，肯定了广告在销售产品中的重要性。

另外一个市场失灵的重要原因是公共产品，由保罗·萨缪尔森（Paul A. Samuelson）于《经济分析基础》③中予以讨论。他认为公共物品是一个人获得收益的同时并不影响其他人获得收益的产品，人人受益却没有人愿意为之付出，所以公共物品在供给上总是跟不上需求。

"市场失灵"④一词的正式问世是在 1873 年莱昂·瓦尔拉斯（Léon Walras）所著的《纯粹经济学要义》一书中，他将外部性、市场势力、公共物品等统称为市场失灵。1970 年，乔治·阿克尔洛夫（G.A. Akerlof）引入了产品质量不对称信息，至此市场失灵的四个表征（外部性、市场势力、公共物品、不完全信息）被概括完整。新能源汽车产业作为一项新兴产业，其明显存在外部性、市场势力、公共物品、不完全信息等情况。⑤

传统燃油汽车一直存在较大的负外部性，其为驾驶者与乘坐者提高便捷的交通服务时，排放的尾气制造了大气污染，行驶的声音制造了噪声污染等。对于目前以电能为主要动力的新能源汽车，其电能来源绿色多样，行驶过程中能够实现少排放甚至零排放；电动机相对于传统的内燃机不仅传动效率高、更加节能，而且安静的运行状态还不会造成噪声污染。因此，相对于传统燃油汽车，新能源汽车在环境保护、节能减排方面对社会具有较大的正外部性。但是，从售价与能源补充的便捷性来说，多数消费者会在意个体效益，枉顾外部性影响选择购买价格相对低廉、能源补充相对便捷的传统燃油汽车，使得新能源汽车在前期推广过程中无法依靠市场调节进行。

①[英]琼·罗宾逊. 不完全竞争经济学 [M]. 王翼龙译. 北京：华夏出版社，2012.

②[美]爱德华·张伯伦. 垄断竞争理论 [M]. 周文译. 北京：华夏出版社，2013.

③[美]保罗·萨缪尔森. 经济分析基础 [M]. 北京：商务印书馆，1947.

④[法]莱昂·瓦尔拉斯. 纯粹经济学要义 [M]. 北京：商务印书馆，1989.

⑤[韩]崔宁芮. 乔治·阿克尔洛夫："柠檬"市场 [M]. 北京：中国科学技术出版社，2023.

新能源汽车作为技术与资金密集型产业，很容易产生市场势力产生产业垄断不利于产业的良性竞争发展。新能源汽车的技术风险表现在对电池技术、电动机驱动技术的研发上。传统燃油汽车厂商拥有较多汽车技术积累，雄厚的资金也使得他们对待新能源技术与新材料技术研发时更加慷慨，由此也更容易研发成功新技术，再次形成新的技术垄断。在生产过程中，新能源汽车的生产需要修建新的工厂、更新生产线，这些均需要投入大量的资金，这将成为很高的准入门槛。新能源汽车作为一种新兴的出行工具，民众接受度并不高，由此伴随着销售风险，难以实现盈利。

新能源汽车中"公共物品"问题表现最为突出的是充电桩等配套基础设施的建设。近年来，新能源汽车平均续航里程为 378 公里，充电桩是保证其正常行驶的必要设施。但是，对于充电桩的建设与运行单纯依靠市场力量是远远不够的，因为这将出现很多"搭便车"的行为。如果仅仅依靠市场力量建设充电桩，将会使得新能源汽车的充电需求远远大于市场上的供给需要，一方面损害了消费者的利益，另一方面会对新能源汽车的推广产生负面影响。另外，对于公共交通领域的新能源汽车客车来说，其本身也具有公共物品的属性。新能源汽车客车运行平稳、节能减排等性能使得社会总效益增加，但是对于市场化的公交公司来说，新能源汽车客车高额的购置成本将会降低对其的购买意图，因此这类新能源汽车也很难通过市场机制来进行推广。

最后一个市场失灵的表征是"信息不完全"。这个问题也被称为"不对称信息"，是指买卖双方对于某一涉及所交易产品的信息掌握不一致导致的低质量商品将高质量商品驱逐出市场的情况，最早是在对二手车市场的分析中使用了这个理论。对于新能源汽车来说同样适用，对于续航里程、电池容量等性能参数如果没有规定的标准，那么研发成本低、生产成本低、质量不达标的新能源汽车将以低廉的售价赢得市场，将质量达标、性能参数优秀的新能源汽车排除在市场以外。而对于质量、性能等标准来说，市场是没有公信力来设定与监督的，因此"信息不完全"问题也是市场机制无法解决的一个问题。

市场机制失灵让人们不得不重新认识政府干预的作用。约瑟夫·斯蒂格利茨（Joseph Eugene Stiglitz）等通过严密的数理推断得出，当存在信息不完成、竞争不完备等情况时，仅仅依靠市场机制的调节是无法达到帕累托最优的。该理论证明了市场失灵的普遍存在，为政府干预提供了理论基础。[①]

对于新能源汽车产业来说，政府出台产业规划，能够帮助新能源汽车企业认清技术发展路线、合理配置发展资源；政府出台购置性补贴能够帮助厂商降低生产成本、提高研发投入比例、提高消费购买意愿，加快新能源汽车的推广进程；政府出台充电桩建设补贴与限制性政策，能够帮助全社会快速建立能够适配新能源汽车行驶与销量

---

①［美］约瑟夫 E. 斯蒂格利茨. 巨大的鸿沟 [M]. 北京：机械工业出版社，2020.

提升的充电网络；政府出台技术标准与产品质量标准，可以将新能源汽车产业的准入门槛提升至合适的高度，从而淘汰技术落后产能，规范行业发展，保证消费者权益。

三、产业空间集聚相关理论

某一产业在特定地域范围内的聚集现象就是产业聚集。这些企业出于对各种费用的节约、当地技术与成熟劳动力的积累、市场接近性等因素聚集在一起，利于企业与产业的更好发展。新能源汽车产业是一项资本、劳动力、技术密集型产业，因此新能源汽车产业有着多种理由在空间上形成聚集。为探究影响新能源汽车产业空间分布的主要因素，我们先梳理产业聚集的相关理论。

首先是基于古典区位论的聚集，对此问题的研究最早可以追溯到以约翰·海因里希·冯·杜能（Johann Heinrichvon Thünen）、阿尔弗雷德·韦伯（Alfred Weber）等学者为代表的古典区位理论中的相关研究。杜能在 1826 年出版的《孤立国同农业和国民经济的关系》[①]一书中，成为古典区位理论建立的标志，他本人也因为开创了农业区位理论被公认为区位理论的鼻祖，他的研究成果中最负盛名的便是"杜能环"。他在书中有着 6 个假设，具体来说就是规定了唯一的运输方式与土地的均质性，也解释了相关产业因为对降低"运输成本"的考量而出现的聚集现象。在德国经济学家阿尔弗雷德·韦伯出版的《工业区位论》[②]一书中首次提出了工业区位理论。韦伯对于他的理论提出了 3 个假设，涉及原料产地、产品销售地、劳动力 3 个方面，总结来说就是完全竞争条件。韦伯的理论核心取向是"最小费用原则"，其包括原料以及产品的运输费用最小、以工人工资为主要代表的劳动费用最小。区位因子是指企业在该区域进行生产时，影响企业利润的影响因子，是韦伯工业区位理论中的一个重要概念。区位因子被韦伯分为以运输费用、工人工资为代表的与所有企业生产均相关的一般因子；以气温、日照时光等为代表的与特点企业生产相关的特殊因子。在他的研究中，还存在聚集因子与分散因子，这些因子是影响企业聚集与分散的重要原因。聚集因子通过两种形式影响企业的聚集：一是通过规模的扩大吸引企业分享规模经济；二是通过共用基础设施等实习吸引企业落户。与之对应的还存在另一种特殊聚集因子，主要是指某地优渥的自然禀赋条件满足特定企业生产而吸引企业的聚集，但是因为这种聚集因素的稀少性，一般聚集因素对聚集才是最重要的。分散因子与聚集因子的作用相反，对聚集起反向作用力，一般表征为聚集带来的当地某些稀缺资源价格的上涨而导致企业的搬离。从上述理论分析中可以看出，无论是杜能还是韦伯的理论，都认为生产费用对企业空间分布而言十分重要。马歇尔总结了前人的研究成果，认为劳动力市场共

①［德］约翰·冯·杜能.孤立国同农业和国民经济的关系［M］.北京：商务印书馆，1986.

②［德］阿尔弗雷德·韦伯.工业区位论［M］.北京：商务印书馆，2010.

享、专业化投入和服务、技术外溢对企业是否聚集产生重要的影响并强调了外部经济在影响企业聚集中的重要作用。马歇尔发现存在产业聚集的地区有以下三个特点：首先，在聚集区域内，生产规模处于中等及以下水平的企业没有明确并且不变的竞争或者合作关系，这些企业之间的生产关系随着生产实际情况的变化而调整；其次，在聚集区域内，企业的技术、劳动力的知识存在较强的正向外部性，各企业与各劳动力之间因为物理距离的接近，导致思想交流、学术碰撞更为激烈，便于新的生产技术与生产方法在该区域内产生与传播；最后，该区域内的企业或个人秉持相同的价值观，对认同该价值观的企业与个人充满包容，让他们能够轻易并且快速地融入这个聚集体中，保证了聚集体的存续与发展。在上述理论中，马歇尔虽然没有明确表明聚集的机理是什么，但是他提出的外部经济却启发了后人并提供了研究产业聚集新的着眼点。

基于马歇尔的中小企业聚集区的概念体系，意大利学者阿纳尔多·巴格纳斯科（Arnaldo Bagnasco）研究了意大利东北亚部地区，并首次提出"新产业区是具有共同社会背景的人们和企业在一定自然地域上形成的社会地域生产综合体"的新产业区概念。这一提法有着马歇尔关于聚集区域有关价值观论述的影子，但是集聚特征和马歇尔总结的特征存在一定的差异。巴格纳斯科认为聚集有以下四个特征：第一，非刚性专业化基础上的生产规模处于中等及以下水平的企业聚集，强调劳动分工的外部性；第二，强调政治制度、价值观以及社会文化氛围、社交网络联系等的作用；第三，强调聚集区域内企业之间技术创新的作用，因此新产业区理论的聚集案例大多数是高新技术生产规模处于中等及以下水平的企业的聚集；第四，强调在该集聚区域内，生产规模处于中等及以下水平的企业合作网络产生的集体效率，集体效率源于这些聚集体之间的正向外部性和行动一致性。

迈克尔·波特（Michael E. Porter）提出一种从生产要素、政府影响力、企业战略、支持产业等方面分析一国整体优势的钻石模型（michael porterdiamond model）。波特从"菱形体系"的国家竞争优势框架出发，讨论了一个地区的产业聚集问题。他认为在一定区域内一些企业与部分单位通过某种内在联系而形成一定的关联体，但是这些企业集聚不具有正式的组织结构，他们的集聚多是出自相同价值体系的集合，因此这些企业与相关单位之间是相互独立的，相较于科成组织更加松散。当然，聚集现象并不是波特的主要研究方向，上述关于聚集的论述也只是从其钻石模型中衍生出的分析国家竞争力的工具，更多用于评估聚集形成后对该地区的正向外部性，而不是解释某地区聚集形成的机理。

上述聚集理论多流于文字表述。以保罗·克鲁格曼（Paul R. Krugman）为代表的新经济地理学派以精密与严格的数理分析，大量运用数学模型更加符合目前主流经济学的研究思路，也使得产业聚集的研究回归到经济学界的视野。克鲁格曼（Krugman）

通过分析得出产生产业聚集的原因有三：其一，市场需求规模，企业一般选择能尽量辐射更多潜在客户的地方进行生产，因为在这些地方大量的产品需求能够使得企业实现规模经济；其二，市场规模必定涵盖本地外部性，因此克鲁格曼对于本地市场效应的重视程度远远高于他对外部性的重视程度，马歇尔所强调聚集区内，思想交流、学术碰撞更为激烈，便于技术创新与知识的外溢，这在克鲁格曼的模型中因为难以模型化并没有体现；其三，产业本地化和地区专业化，克鲁格曼认为产业的聚集有可能出于某一政策影响或者其他历史原因，但是只要某产业聚集在某一地区形成地区专业化格局，那么这一局面将因为因循环累积因果律的自我实现机制而被锁定。

第二章 新能源产业市场与技术发展

第一节 新能源汽车市场现状介绍

一、全球新能源汽车市场概况

从新能源汽车概念的提出到新能源汽车的上路，在此期间经过了几代人的努力。在步入 21 世纪以后，随着人们对环境的重视与对能源危机的深层考虑，新能源汽车在技术与推广示范上取得了长足的进步，新能源汽车市场快速发展。从全球市场来看，2014 年全球新能源汽车销量为 31.5 万辆，到了 2023 年这个数字已经突破了 1465.3 万辆。

由上述数据可知，新能源汽车市场正在全球范围内迅速发展，成为汽车行业的新焦点。随着对环境保护意识的提升以及政府对清洁能源的支持，电动汽车、混合动力汽车和插电式混合动力汽车等新能源汽车销售量不断增加。各国相争加大对新能源汽车的投资和推广力度，促使传统汽车制造商和新兴电动汽车公司竞相推出更多创新产品。随着电池技术的不断进步和充电基础设施的不断完善，消费者对新能源汽车的接受度不断提高。在这个快速发展的背景下，全球新能源汽车市场呈现蓬勃的活力，为实现清洁能源和可持续发展目标作出了重要贡献。

二、中国新能源汽车市场现状

（一）产销量

从国内新能源汽车行业产销量情况来看，中国汽车工业协会数据显示，2023 年我国新能源汽车行业产销量分别完成 958.7 万辆和 949.5 万辆，同比分别增长 35.8% 和 37.9%，连续 9 年保持全球第一。2024 年第一季度国内新能源汽车产销量为 211.5 万辆和 209 万辆，同比分别增长 28.2% 和 31.8%。

从新能源汽车行业产销量结构来看，纯电动汽车仍占据市场主流地位，2023 年产量占比为 77.5%、销量占比为 77.9%；插电式混合动力汽车市场占比有所提升，销量占比从 2022 年的 17.1% 提升至 22.0%。资料显示，2024 年第一季度，与上年同期相比，纯电动汽车、插电式混合动力汽车和燃料电池汽车产销延续了高速增长势头，燃料电池汽车增速更为显著。

（二）保有量

新能源汽车在国内整体汽车电动化、智能化趋势占比国内汽车整体份额持续走高。数据显示，我国新能源汽车保有量从 2014 年的 22 万辆增长至 2023 年的 2041 万辆，保有量破千万辆，新注册登记数量为 743 万辆，较 2022 年增长 208 万辆。

保有量结构方面，2023 年全国纯电动汽车保有量 1045 万辆，较上年增加 405 万辆，占新能源汽车总量的 79.78%，插电混动和燃料电池合计占比 20.22%。

（三）出口情况

自 2021 年以来，我国汽车工业出海持续创新高，其中新能源汽车占比持续提升。据统计，2023 年中国汽车工业出口数量为 491 万辆，同比增长 57.9%，新能源汽车出口数量为 120.3 万辆，占比 24.5%。

2024 年第一季度，国内汽车出口量为 132.4 万辆，同比增长 33.2%，从结构上来看，乘用车出口 111 万辆，同比增长 34.3%；商用车出口 21.4 万辆，同比增长 27.5%。新能源汽车出口量为 29.4 万辆，同比增长 7.3%，出口结构方面，新能源汽车出口以乘用车为主，未来新能源汽车将成为国内新能源出海的关键驱动力。

第二节　国内外新能源汽车技术现状与对比

一、国内外新能源汽车整车技术现状

按照《新能源汽车产业发展规划（2021—2035 年）》，我国规划发展的新能源汽车包括纯电动汽车、插电式混合动力汽车及燃料电池汽车。

（一）国内外纯电动汽车技术现状

纯电动汽车是指完全依靠动力电池驱动的新能源汽车。因其具有对环境友好等特点，成为我国新能源汽车发展方向的主要战略取向。各国均看好纯电动汽车的发展前途看好，但技术仍是制约纯电动汽车大规模量产与被普通消费者接受的限制。

我国纯电动汽车相对于其他国家起步较晚，但是近年来随着我国新能源汽车市场份额的快速增长，部分车企也研发并上市了多款较为优质的车型。

EX5 是北汽新能源公司于 2019 年推出的一款纯电动汽车，该款车型车长 4480 mm，整备质量为 1770 kg。该车动力电池为三元锂电池，能量密度高达 146.5 W·h/kg，电池能量为 61.8 kW·h，使用高效率的永磁同步电机，最大电机功率可达 160 kW，最大输出扭矩为 300 N·m，从 0 加速至 50 km/h 仅需要 4.18 s。EX5 最高速度可达 160 km/h，复杂工况续航里程 415 km，同时该车还支持快速充电模式，在正常条件下电量从 30% ～ 80% 以后仅需要 0.5 h。

ES8 是蔚来汽车在 2018 年 12 月推出的一款纯电动大中型 SUV，因此其车长与整备质量均较大，分别为 5022 mm 和 2460 kg，大体型意味着其最大功率也较大，高达 480 kW，最大电机扭矩为 840 N·m。ES8 同样使用三元锂电池，电池能量为 70 kW·h，远远高于其他车型。ES8 速度性能也十分优越，最高时速可达 200 km/h，加速至 100 km/h 仅需要 4.37 s，复杂工况续航里程稍弱，为 355 km，快速充电至 100% 电量仅需 1.1 h。

比亚迪是国内较早从事电动车生产的厂商，宋 EV500 是其于 2018 年推出的一款紧凑型 SUV。该车最高时速可达 150 km/h，加速至 50 km/h 需要 3.9 s。和前述两款车型相同，宋 EV500 也是采用三元锂电池，电池能量为 61.9 kW·h。在电机功率、电机扭矩、最高速度、续航里程和北汽 EX5 车型相差无几，分别为 160 kW、310 N·m、150 km/h、400 km。在快速充电模式下，该车型充满电量只需 1.2 h。

国内主流纯电动汽车目前续航里程为 350 ～ 420 km，最高时速可达 150 ～ 200 km/h。三元锂电池是目前纯电动汽车所用的主要动力电池类型。

外国的纯电动汽车起步早于中国，因其在传统燃油汽车的技术积累，外国纯电动汽车的商用时间也大大提前。目前，国际上比较有代表性的纯电动汽车有美国特斯拉的 Model X、日本的 Leaf 以及德国的宝马 i3。

特斯拉是美国电动汽车的代表。特斯拉旗下车型科技感十足，因此特斯拉也被称为互联网车企。2017 年，特斯拉在中国销量提升了 1 倍，其销售额达 20 亿美元。2019 年特斯拉在华建厂，上海工厂是特斯拉在亚洲的第一个工厂，也是其全球第四个工厂。该工厂进行特斯拉部分车型的电池制造与整车制造任务，其产品市场主要面向中国市场与部分亚洲市场。Model X 性能出色，其电池能量高达 100 kW·h，电机的功率与扭矩可以达到 568 kW 与 967 N·m。出色的电池动力与电机系统让 Model X 的最高速度可以达到 250 km/h，车速从 0 加速至 100 km/h 仅需 3.1 s。其续航里程也长达 507 km。

Leaf 是日本具有代表性的纯电动汽车车型，其在 2010 年推出的一款纯电动汽车是目前全球销量最高的纯电池车型。2000 年，日本政府曾提出在五十年后要将该国二氧化碳排放量降低至当年的一成，这样的目标也极大激励该国新能源车企尽快推出可以上路的车型，Leaf 就是在这样条件下诞生的一款车型。2010 年款的 Leaf 车长 4445 mm，整备质量 1525 kg，使用锂电池电池组，十分符合新能源车轻量化的要求。在 2017 年推出的新款 Leaf，车身略有加长，达到了 4480 mm。2010 年款 Leaf 电池能量 24 kW·h，它的续航里程仅仅有 161 km。在 2018 年推出的新款上电池能量加至 40 kW·h，续航里程也有所提升。2010 年款 Leaf 的电机的功率与扭矩为 80 kW 与 280 N·m，在一定程度上限制了它的加速新性能，和其他纯电动汽车相比其从 0 到 100 km/h 加速时间较长，为 11.9 s。该情况在 2018 年款 Leaf 上有所改进，其电机的功率与扭矩可以为 110 kW 与 320 N·m，0 到 100 km/h 加速时间有所下降。2018 年款 Leaf 更具智能化，充电时间也大幅降低，充满只需 7.5 h。

宝马是德系车的代表，旗下的 i3 是一款性能出色的纯电动汽车。2018 年新款车身长度 4020 mm，比其他车型的新能源纯电动汽车略短，因此其整备质量也比较轻，仅为 1298 kg，是一款十分轻便的车型。电池能量为 33 kW·h，足以支撑其 271 km 的续航里程，宝马 i3 纯电动汽车电机的功率与扭矩分别为 125 kW 与 250 N·m，行驶最高速度为 150 km/h，加速至 100 km/h 需要 7.3 s。

（二）国内外插电式混合动力汽车技术现状

插电式混合动力汽车与传统混合动力汽车的区别在于，插电式混合动力汽车可以纯电动模式行驶，可以外部充电。在我国电动汽车科技发展"十二五"专项规划中，插电式混合动力汽车为中期推广应用的重点车型，意在解决纯电动车续航里程过短问题，在电力耗尽后车辆可以继续依靠其他能源驱动行驶。

目前，我国市面上有着多款国产插电式混合动力汽车，在这里挑选比较有代表性的三款进行说明，它们分别是广汽生产的传祺 GS4、比亚迪生产的宋 DM 以及上汽生产的荣威 eRX5。

比亚迪生产的宋 DM 整备质量稍大，为 2170 kg，而广汽生产的传祺 GS4、上汽生产的荣威 eRX5 更加符合当下轻量化的目标整备质量，分别为 1760 kg、1730 kg。三款车型均采用三元锂电池，最高速度在 180 ～ 200 km/h，其中上汽生产的荣威 eRX5 最高速度稍快，为 200 km/h，然而在加速时间上比亚迪生产的宋 DM 表现更好，加速至 100 km/h 仅需 4.9 s，而加速到相同速度上汽生产的荣威 eRX5 却需要 7.8 s。

纯电动模式下的综合工况续航里程是比较插电式混合动力汽车之间一个重要的性能指标，三款车型普遍综合工况纯电续航里程在 60 ～ 80 km，其中比亚迪生产的宋 DM 表现较好，为 80 km，广汽生产的传祺 GS4 表现稍差，为 58 km。选择插电式混合动力汽车除了出于对环境友好的考量，普通消费者更加重视经济因素，综合工况油耗就是对比插电式混合动力汽车经济性的一个重要指标。相比于传统燃油汽车动辄 7 L/100 km 或 8 L/100 km 的综合工况油耗，我国市面上大量插电式混合动力汽车综合工况油耗 1.5 L/100 km 左右。对比上述三款车型综合工况油耗可以发现，比亚迪生产的宋 DM 更加经济，该指标为 1.4 L/100 km，比其他两款车型低了 12.5%。

从上述分析可以得出，国内主流插电式混合动力汽车在纯电动模式下续航里程为 60 ～ 80 km，最高时速可达 180 ～ 200 km/h，综合工况油耗为 1.5 L/100 km 左右。

插电式混合动力汽车一般以电力与燃油作为动力,燃油作为纯电动动力耗尽后的补充动力源,可以解决纯电动车续航里程过短的问题。国外比较有代表性的插电式混合动力汽车有福特的蒙迪欧、丰田的卡罗拉以及宝马i8。

蒙迪欧是福特旗下的旗舰车型,于2018年推出新款,其车身长4873 mm,在科技感与设计感方面有所提升。其电动机功率为92 kW,电动机最大扭矩为228 N·m,这样的电机功率与扭矩可以使其在纯电动模式下最高速度达166 km/h,从0至100 km/h的加速时间需要9.6 s。一次充满电可以使得该车在纯电动模式下行驶52 km,在燃油模式与纯电动模式下的综合工况油耗为2 L/100 km。

丰田的卡罗拉是日系插电式混合动力汽车的代表。丰田卡罗拉车身长4635 mm,十分轻便。丰田卡罗拉的电动机功率为53 kW,电动机最大扭矩为207 N·m,因此其最高速度并不高,纯电动模式下最高速度为120 km/h。满电状态下综合工况续航里程为55 km,其综合工况油耗十分低,综合工况100 km油耗仅为1.3 L。宝马i8是混合动力超级跑车,该款车型时尚感十足,车身长4689 mm,车重仅有1540 kg。

宝马i8的电动机功率为96 kW,电动机最大扭矩为250 N·m,如此强悍的性能让其最高速度可达250 km/h,加速性能也十分优良,从0至100 km/h的加速时间只需4.4 s。宝马i8的纯电动模式下综合工况续航里程仅为37 km,但是对于主要行驶在城市道路的超级跑车来说这并不是特别重要的问题,宝马i8综合工况油耗较高,综合工况100 km油耗高达2.1 L。

(三)国内外燃料电池汽车技术现状

燃料电池汽车是指利用无害的高能燃料,通过化学反应产生电流,驱动汽车的一类新能源汽车。其具有零排放、高能量转化率等优势,因此被视为下一代电动汽车的发展方向。

但是出于相关技术未完全攻克、相关标准未完全明确、相关配套基础设施基本未建设的原因,我国量产的燃料电池汽车并不多。上汽集团推出的荣威750与荣威950是目前公开资料较多的两款燃料电池汽车。

荣威750的最高车速为150 km/h,一次加氢续航里程300 km,从0至100 km/h的加速时间为15 s。荣威950在各参数上都要优于荣威750,荣威950的最高车速为160 km/h,较荣威750提升6.7%;一次加强续航里程提升了33.33%,增加至400 km,百公里加速时间降低了20%,仅需12 s。荣威750和荣威950燃料电池功率均处于较低水平,仅为30 kW,二者相差较大的是冷启动温度,荣威950可以在–20℃下启动,而荣威750仅仅可在–10℃下保证启动。

目前国外较为有代表性的三款燃料汽车为通用的Equinox、丰田的Miral以及德国奔驰的F-cell。

通用公司推出的 Equinox 整备质量为 1800 kg，车身与车重较为适中。其电机功率为 94 kW，电机扭矩为 320 N·m，因此其最高速度能够达到 160 km/s，而百公里加速时间需要 12 s，在上述三款车型中较慢。Equinox 一次加氢续航里程仅为 320 km，远远不及丰田 Miral 的 502 km。丰田 Miral 车重 1850 kg，电机功率为 113 kW，电机扭矩为 335 N·m，最高速度能够达到 175 km/h，在上述三款车型中最高，百公里加速时间为 9.6 s，也是优于其他两款汽车。奔驰 F-cell 各项参数在上述三款车型中属于中等位置，其整备质量较轻，为 1718 kg，电机的功率为 100 kW，电机扭矩为 290 N·m，最高速度能够达到 170 km/h，一次加氢续航里程适中为 400 km，而从 0 至 100 km/h 加速时间也处于中等水平，为 11.3 s。对于燃料汽车比较关键的参数——冷启动稳定，奔驰 F-cell 冷启动温度为 −25℃，通用 Equinox 与丰田 Miral 冷启动温度均为 −30℃。

二、国内外动力电池相关技术发展现状

不同的动力电池适配于不同类型的新能源汽车，目前我国主要动力电池类型有适配于纯电动汽车、插电式混合动力汽车上的磷酸铁锂电池，广泛应用于纯电动汽车的三元锂电池，主要运用于插电式混合动力汽车、纯电动客车领域的锰酸锂电池与多元复合电池，以及插电式客车领域的主流电池技术镍氢电池与超级电容等。

在此之前，钴酸锂电池是第一代运用在电动车领域的电池，虽然其产业成熟高并有着在数码领域运用的经验，但是其本身有着制造成本高、循环充放电次数少、安全性能差等缺点，于是被逐渐放弃。

锰酸锂电池和磷酸铁锂电池是第二代动力电池，磷酸铁锂电池是比较有代表性，也更广泛运用于新能源汽车的一种动力电池。磷酸铁锂电池的正极材料为 $LiFePO_4$，负极材料是石墨。在充电时，通过带有一个单位正电的锂离子从复合物向负极移动，与此同时，电池从正极向负极移动，使得电荷达到平衡，放电时正相反，由此实现磷酸铁锂电池稳定的循环放电。这种电池理论能量密度高达 170 mAh/g，在一定合理外部条件下使用寿命长达循环充放电 2000 次以上。但是其还存在一定的缺陷：首先该类型电池成组性差；其次在温度较低情况下容易形成锂枝晶影响电动车的安全行驶；最后其振实密度低造成其产品体积大。国内厂商中，比亚迪公司的磷酸铁锂电池技术近两年有所突破，在该公司运用于电动叉车上的一套磷酸铁锂电池系统上，电池在使用寿命上有所延长，可以循环充放电 4000 次。同时克服了磷酸铁锂电池下易威胁安全运行的缺点，在 −40℃ 下也能正常工作，并且拥有快速充电系统。

第三代动力电池以三元材料电池为代表。三元材料是指电池正极有着三种金属元素，如镍、钴、锰等，这三种金属元素之间存在明显的协调效应，因此成为目前主流

比较看好的新型正极材料之一。镍、钴、锰等金属元素的共同作用，使得电池有着更多的优势，如镍的存在有助于提高容量，钴的作用是提高材料的电子导电性与循环性，锰可以在降低生产成本的同时提高产品的安全性。安全性对于新能源汽车来说是最关键的考量因素。由于在三元材料电池上的技术并不是十分成熟，因此安全性是三元材料电池大力推广的主要限制，然而三元材料电池具有快充性等特点，又是电动车电池技术能量密度提升进入瓶颈时越发重要的特性。随着三元材料电池技术的突破，近年来其安全性能有所提升，国家政策层面也对该类型电池持有较为积极的态度，基于这些利好因素，三元材料电池逐渐成为纯电动汽车电池市场的主流趋势，增大了市场份额，有着取代磷酸铁锂电池的趋势，主流的北汽、蔚来、比亚迪多款新型纯电动汽车均使用三元材料电池。

燃料电池是新一代电池技术的代表。燃料电池的原理是通过燃烧等化学反应使电解质隔膜两侧发生氧化还原反应得失电子产生电能，从而化学能转换为电能。理论上，燃料电池具有环境友好、噪声小、稳定性高等特点，并且能在极端严寒天气下实现快速启动，同时其能量转换率可以高达九成以上。以氢氧燃料电池为例，以该类型电池为动力的新能源汽车将不会产生一氧化碳、氮氧化物、硫氧化物、粉尘颗粒等对人体与环境有害的气体与物质。除了环境友好性，能量密度高、体积小、容量大也使得其成为新能源汽车厂商追捧的对象，相比于纯电动汽车或者插电式混合动力汽车更适合运用在功率大、行程长的客车与货车上。我国对燃料电池的研究起步较晚，虽然有一定的技术积累，但是缺乏实际运用经验。对我国燃料电池产业起到限制的因素有很多，如没有产业化、规模化的生产线导致燃料电池生产成本高，加氢站等基础设施建设不到位导致无法大规模推广燃料电池汽车等。燃料电池中的铂含量是影响其制造成本的关键，铂含量居高不下也是拔高我国燃料电池制造成本的重要因素。经过多年发展，我国已成为世界能源生产第一大国。截至 2023 年底，我国已建成超过 350 座加氢站，约占全球总数的 40%，位居世界第一。

国外对燃料电池的研究开启得较早。以日本为例，日本在 20 世纪 90 年代开启了车用燃料电池的研究计划，在 2014 年由该国丰田公司推出的一款燃料电池车，使得氢气可以直接发电驱动汽车，让氢燃料电池汽车行驶成本低于普通传统燃油汽车使用汽油的行驶成本。美国在很早也开始将氢氧燃料电池运用在了军事方面，目前也是美国氢氧燃料电池的主要运用方向。德国在燃料电池领域的专利成果丰硕，据统计，德国在燃料电池领域拥有的专利数量可以达到全球前三，在德国推出的燃料电池汽车中，较多使用的是固体氧化燃料电池。

三、国内外电动机技术发展现状

新能源汽车的电动机可以类比于传统燃油汽车的内燃机，不过前者比后者在能量转化效率上能够高达 2 ～ 3 倍，部分电动机能量转化效率更是可以达到 90% 以上。新能源汽车常用电动机主要有直流电动机、交流异步电动机和交流永磁电动机等多种，我国目前较为主流的电动机是永磁同步电动机，是交流永磁电动机的一种。

直流电动机是电能以直流电的方式传导至电机。由于其转速范围不够宽泛，最大转速仅有 6000 r/min，故而对新能源汽车的最高车速有所限制，使其运用范围局限于小型电动车。即使一些厂商通过一些辅助系统希望弥补直流电动机的转速范围以提高新能源汽车的最高车速，但又会影响车体相关设计。直流电动机一般分为有刷直流电动机与无刷直流电动机两种，由于有刷直流电动机在维修方面的便捷性不及无刷直流电动机，故而国内小型电动车生产厂商一般使用无刷直流电动机。

交流异步电动机是通过磁场与转子之间感应产生电磁转矩，让电能转化为机械能的一种交流电机，因此也称感应电动机。其转速范围为 12000 ～ 20000 r/min，远远大于直流电动机，功率密度中等，电动机质量与体积均属于中等，电动机可靠性与结构性好，应该在不配置其他辅助装置的情况下也可以满足大部分新能源汽车的最高时速要求。异步电动机的一大优势在于，可以通过自身正反转的切换使得车辆实现前进或者倒车，而且在车辆滑行时还可以通过车轮带动电动机转动回收部分电能以延长新能源汽车的续航里程。

相比于交流异步电动机，交流同步电动机的优势在于体积小、质量小，更加符合新能源汽车轻便化的发展方向。除此之外，从整体来看，永磁同步电动机具有转速范围适中，为 4000 ～ 10000 r/min，功率密度高、可靠性与结构性优良等优势。永磁同步电动机由三相定子与以永磁体作为主要材料的转子组成，通过产生电枢反应感应三相对称电流。从结构上来看，永磁同步电动机与无刷直流电动机相似，但是在降噪性与精准性方面更加具有优势。体积小、质量小使装配该款电动机的新能源汽车在续航里程上更具优势，同时适中的转速范围也让其可以满足较高要求的车速标准，因此北汽、蔚来、比亚迪等多家国内电动车企业龙头，在新款 SUV 上均采用永磁同步电动机。

四、国内外新能源汽车技术对比分析

在纯电动汽车领域，中国北汽、蔚来以及比亚迪近年来推出的车型在电池能量、最高速度、百公里加速时间上都比日产 Leaf 与宝马 i3 有较大的领先优势，北汽 EX5 与比亚迪宋 EV500 在续航里程上都达到了 400 km 以上，而日产 Leaf 和宝马 i3 的续航里程均在 300 km 以下。百公里加速时间日产 Leaf 和宝马 i3 均在 7 s 以上，而国内厂商推出的车型该时间普遍在 7 s 以上。

混合动力汽车是目前新能源汽车的主流。国内汽车在很多指标上都优于国外的混合动力新能源汽车。蒙迪欧从 0 至 100 km/h 的加速时间几乎是比亚迪宋 DM 的 2 倍，纯电动模式下的续航里程也仅仅是比亚迪宋 DM 的 68.75%，国内车型的纯电动模式下续航里程普遍处于 60 公里左右，国外车型均在 55 km 以下，其中宝马 i8 仅有 37 km。综合工况油耗是衡量插电式混合动力车除续航里程外另一个重要的指标，对比国内外 6 款车型，我们可以发现国内目前综合工况油耗普遍处于 1.5 L/100 km 左右，而国外 3 款车型该指标者参差不齐，福特蒙迪欧与宝马油耗为 2 L/100 km 以上，但是丰田卡罗拉更加环保与省油，100 km 综合工况油耗仅 1.3 L/100 km，优于国内三款车型。

在动力电池方面目前国外均多采用三元材料的锂电池，但是三元材料可能略有不同，日本松下与特斯拉联合开发的 21700 动力电池已经实现量产。相关数据显示，该电池的单体能量比上一代提升了 1/5，电池容量提升了近四成，而制造成本仅为原来的九成。目前，国内的 18650 圆柱形三元材料动力电池单体比能量提升到了 260 W·h/kg，而松下 21700 动力电池该指标已经到达了 300 W·h/kg，二者还有着不小的差距。除了上述差异，目前国内动力电池在组成性上也落后国外先进水平，技术水平有待提高。

国内外对运用于新能源汽车上的电动机有着以下要求：首先为保证新能源汽车的最高车速，要求电动机转速范围较大；其次有着轻便化与低成本化的要求。车企基于各自车型的设计要求与性能要求，对电动机有着不同要求，目前国内外电动机发展水平相似，需对下一代轮毂电机技术发起攻克。

第三节　新能源汽车的关键技术

一、燃料电池电动汽车的关键技术

燃料电池电动汽车是一个机—电—液—氢相互耦合作用的复杂系统，是一个依赖机械、化工、电力电子、材料等工业基础的复杂系统，是一个涉及车辆工程、机械工程、材料工程、管理工程、信息工程、交通工程等多学科交叉融合的系统，是一个涉及基础科学研究、前沿技术开发和新技术应用的科学技术问题综合体。鉴于我国的机械、化工、电力电子和材料工业基础相对薄弱，应发挥集中力量办大事的社会主义制度优势，从国家层面整合资源，聚焦重大，重点突破燃料电池电动汽车关键技术。

（一）开发燃料电池电动汽车动力系统的全新结构整车平台

燃料电池电动汽车动力系统技术平台由于结构复杂、分布式智能控制、系统电压高、氢气存储压力高、碰撞性能要求高等特点，对整车碰撞安全性、空气动力学、整车热管理、底盘主动控制、舒适性、驱动系统拓扑结构提出了新要求，采用传统车辆改制燃料电池电动汽车已经无法满足燃料电池电动汽车整车发展趋势。因此，未来国家科技计划中应进一步聚焦，开展全新结构燃料电池电动汽车尤其是中高级燃料电池电动汽车全新结构整车平台开发。

（二）燃料电池电动汽车动力系统平台柔性模块化技术

借鉴国外同类型燃料电池电动汽车 E-FLEX 和"十一五"柔性适配技术等，开展全新结构整车下的动力系统平台模块化、一体化、智能化集成设计技术。

（三）燃料电池电机寿命、可靠性和环境适应性研究

在燃料电池电机寿命、可靠性和环境适应性性能方面，我国已经落后于国外主流燃料电池电堆开发商和系统集成制造商。我国燃料电池电机处在研发关键时期，应集中国内优势资源，强强联合，开展燃料电池电机寿命、可靠性、环境适应性专项攻关，并同步开展电机系统成本控制方法研究。

（四）低铂、非铂燃料电池电堆研发

低铂、非铂燃料电池技术是降低燃料电池电动汽车整车成本的重要措施。因此，应重点研究高稳定性、抗毒、低铂催化剂与抗氧化、长寿命的催化剂载体；高耐久性、低成本、高质子传导性的复合膜和烃类高温质子交换膜；高性能、高导电性炭纸；解决模压金属双极板应力释放问题，提高双极板的平整度和耐温性能；完善表面耐腐蚀导电涂层技术，提高耐久性与稳定性；构建质子、水、电与气体的有效传递通道，研究有序结构的薄层膜电极组件。研发能满足低湿条件运行非铂/低铂、低成本的 PEMFC 电堆，提高电堆环境适应性（如抗 CO 中毒、抗醇性能），开发以质子交换膜为电解质、中温、中压为特征的车用燃料电池系统及关键零部件技术。

（五）氢能基础设施关键技术及安全风险评估

研究固体聚合物电解槽电解制氢技术，包括电解槽关键材料、电堆结构优化、电解系统集成等技术；系统评价 35MPa 加氢站（移动/固定）模式、经济性、可靠性及安全性，全面优化氢气加注解决方案，开发车载 70MPa 高压储氢和快速加注系统关键技术及关键部件。探索适合车用的基于储氢材料的复合储氢原理和技术。

（六）燃料电池电动汽车商业化推广模式与市场培育

研究多元互动政策体系、长期激励机制对燃料电池电动汽车产业化进程作用模式和效果；探索适合燃料电池电动汽车的商业推广模式和市场培育方法；研究燃料电池电动汽车市场导入评价标准体系；创建基于"技术链"的燃料电池电动汽车研发和示范推广产业技术创新联盟。我国自主开发的燃料电池电动汽车在车型开发、整车动力性、续驶里程、燃料电池电机功率等方面与国外存在一定的差距，在等效燃料经济性水平和车辆噪声水平与国外基本处于同一水平。

在燃料电池电动汽车车型开发方面，国外已经由基于传统车辆改造形成燃料电池电动汽车模式走向为燃料电池电动汽车打造全新整车阶段，如本田汽车公司 Clarity、丰田汽车公司 FCHV、戴姆勒－奔驰公司 F-Cell 和通用公司 Chevrolet Equinox 等均是为燃料电池电动汽车动力系统技术平台而全新打造的专用化整车平台。基于这些整车平台，国外汽车公司开展了如空气动力学性能、轻量化、车身碰撞安全性、底盘系统主动控制以及面向舒适性的人机界面与人机工程等研究。在国内，以上汽股份、上海大众、一汽、长安、奇瑞等公司为代表开发的燃料电池电动轿车均基于传统内燃机汽车进行改制，尚未掌握燃料电池电动汽车专用车身开发、底盘开发、底盘动力学主动控制等关键技术，与国外存在较大差距。在车辆动力性能方面，主要受限于燃料电池功率输出水平和整车集成及轻量化技术水平，我国燃料电池电动汽车整车加速性能明显低于世界主流燃料电池电动汽车加速性能。在车辆续驶里程方面，截至目前，我国基本掌握了 35MPa 高压储氢和加注系统关键技术，实现高压氢气瓶等部件国产化开发，但某些关键阀门、传感器还依赖进口，70MPa 氢气存储关键技术和关键部件仍然处于研发阶段，这直接制约了我国燃料电池电动汽车续驶里程的提高。

二、燃料电池电动汽车氢气净化技术

能源枯竭和全球变暖是人类面临的严峻挑战。交通运输业在能源消耗和温室气体排放方面起着至关重要的作用。国际能源机构（International Energy Agency，IEA）数据显示，交通运输业占 2017 年全球能源消费的 29% 和 2016 年全球二氧化碳排放的 25%。由于氢燃料电池提供零污染物排放，因此许多国家的当局都大力支持燃料电池电动汽车的生产，这一举措将不可避免地成为未来汽车工业的发展方向。美国是第一个将氢能源和燃料电池作为长期能源战略的国家。

在燃料电池电动汽车的推广方面，日本和韩国企业率先大规模量产，成功推出了丰田 Mirai、本田 Clarity 等多款量产车型。此后，各汽车集团相互联盟，包括戴姆勒集团和福特集团，雷诺集团和日产集团，通用集团、本田集团和宝马集团，丰田集团、奥迪集团和现代集团。这些联盟共同致力于开发燃料电池电动汽车技术，并加速其商业化。中国上海汽车工业总公司推出了第四款燃料电池电动汽车 Roewe950，续驶里程 400 km，无须加油，展示了其小规模生产的能力。

氢燃料电池主要包括磷酸燃料电池（Phosphoric Acid Fuel Cell，PAFC）、熔融碳酸盐燃料电池（Molten Carbonate Fuel Cell，MCFC）、固体氧化物燃料电池（Solid Oxide Fuel Cell，SOFC）、碱性燃料电池（Alkaline Fuel Cell，AFC）和质子交换膜燃料电池（Proton Exchange Membrane Fuel Cell，PEMFC）。PEMFC 具有功率密度高、起动 . 温度低、结构紧凑等优点，是燃料电池电动汽车理想的动力源。不过，PEMFC 需要高纯度的氢气，否则燃料电池的性能和运行寿命可能会受到严重影响。

目前，氢气生产技术，如煤气化、天然气蒸气重整、甲醇重整和电解水等，在我国已经非常成熟。根据中国氢能联盟和中国石油化工集团公司的统计数据，目前我国氢气产能约为 4100 万吨 / 年，产量为 3342 万吨。具体而言，氢气作为独立组分（不含氢气的合成气），其产量约为 1270 万 t 吨年，符合工业用氢气的质量标准，可直接作为工业气体销售。其中，煤制氢产率最高（2124 万吨），占 63.54%，其次是工业副产氢（708 万吨）、天然气制氢（460 万吨）和电解水制氢（50 万吨）。不同的原料在使用各种技术生产的氢气的组成和杂质含量方面存在很大差异。因此，开发高效的氢气净化技术，去除氢气中的杂质，为燃料电池电动汽车提供高品质的氢气，对发展燃料电池电动汽车产业至关重要。

新兴的氢气生产方法如下。超临界水煤气制氢技术以超临界水 [温度和压力处于或高于临界值（374.3C 和 2.1MPa）的水] 为介质，因其特殊的物理化学性质，提供了均相、高速的反应，使煤的化学能直接、高效地转化为氢能。太阳能光催化分解水制氢采用的光催化剂粉末或电极，可通过吸收太阳能产生光生载流子，从而将水分解为 H_2 和 O_2。光催化产氢主要分为非均相光催化产氢和光电化学产氢。生物制氢是以生物质和有机废水为原料，经微生物代谢后产生氢气。根据微生物的种类及其代谢机制，生物制氢技术包括光解水制氢、光发酵制氢、暗发酵制氢以及光发酵与暗发酵相结合制氢等。

为了支持氢气能源在交通领域的大规模应用，迫切需要开发新型高效的提纯技术，以生产低成本、高质量的氢气。为了进一步提高分离效率，有必要继续开展新型高选择性吸附材料、长效低成本膜材料、低再生能耗抗中毒金属氢化物材料以及基于上述材料的新型分离耦合工艺的研究。

三、混合动力汽车关键技术

混合动力汽车各个部件随着技术的不断创新也在不断革新和发展，而且涌现出很多具有推广意义的关键技术，其中包括动力电池及其管理系统技术、电机系统技术、发动机技术、变速器技术、动力耦合装置技术和驱动系统控制技术。

（一）动力电池及其管理系统技术

作为混合动力汽车最基本的组成单元，动力电池的容量、能量转换效率等性能指标直接影响电驱动系统的性能，也直接决定了混合动力汽车的续驶能力、能源利用效率。混合动力汽车动力电池的工作负荷大，对电池的功率密度要求相对较高，通常采用高功率电池，动力电池工作区间较窄，对电池循环寿命的要求高。电池的能量密度与功率密度影响着电池的输出功率及峰值功率；电池的使用寿命与性能状态又受电池的充放电次数、工作温度等因素的影响。

目前，混合动力汽车主要使用的动力电池类型为铅酸蓄电池、镍氢电池和锂离子电池。锂离子电池能量密度高，使用寿命长，但对温度敏感，需要设计复杂的热管理系统，锂离子电池系统复杂，技术难度更大。电池的过度充放电均会严重影响电池的性能，甚至可能损坏电池，并由此缩短电池的使用寿命，因此，还需要实时对电池的工作过程与所处环境、状态进行监控。混合动力汽车对功率和能耗的严格要求，需要电池及其管理系统具备大功率充放电的能力、较高的充放电效率、电池性能的高度稳定性。

（二）电机系统技术

电机系统主要通过电磁感应产生驱动转矩，为混合动力汽车提供动力源。汽车行驶过程中，会频繁地减速、加速、停车、起动，在加速运行时需要转矩较大，在匀速行驶过程中需要转矩较小。在不同工况下对电机的性能要求不同，因此，电机必须具备大的工作转矩，较宽的速度调节范围，足够的转速以及能量回收，满足混合动力汽车的要求。目前常见的直流电动机、异步电动机、交流电动机和开关磁阻电动机技术相对已经成熟，但是无法适应电动汽车运行工况要求，因此需要加快驱动电机的研究。哈尔滨工业大学研发的一种多台电机将混合式进步电动机和异步电动机结合在一起，形成多组态电动机，可以同时发挥出进步电动机和异步电动机的优势，提高电动机的传动效率。

（三）发动机技术

发动机主要为汽车提供动力，决定了汽车的动力性能、经济性能和环保性能。混合动力汽车发动机对混合动力汽车的性能影响比较大，因此，需要加大发动机技术的研发，提高发动机的动力性能，达到降低能耗的目标。发动机的性能指标包括动力性、经济性、环保性、可靠性和耐久性。发动机在低负荷或者息速工作时，燃油效率低，环境污染严重。混合动力汽车的节能途径主要有：选择较小功率的发动机，从而提高发动机负荷率；改善控制策略使发动机工作在高效率区，以改善整车的燃油消耗；发动机具有取消息速和高速断油的功能，以减少燃油消耗；具有再生制动能量回收功能。

从混合动力驱动系统的动力分配方式可知，混合动力汽车在其运行的大部分工况条件下依然依靠汽油机提供动力，所以混合动力汽车的燃油经济性与排放性在很大程度上取决于其选用的汽油机。而传统的汽油机常采用奥托（Otto）循环工作，由于其热效率低、泵气损失大、膨胀比小，具有怠速工况、部分负荷工况燃油消耗率高、后备功率大的不足，不利于提高混合动力汽车的燃油经济性。例如，阿特金森循环发动机（英国工程师詹姆士·阿特金森于1882年发明的内燃机形式）虽然具有较高的热效率，但是由于部分进入缸内的空气被上行活塞推回进气道，降低了充气系数，使发动机低速、小负荷时的输出转矩下降。

混合动力技术使用"动力电池＋电机"的纯电动驱动方式，充分发挥电机工作特性场的优势，避开阿特金森循环发动机低速、小负荷动力不足的缺陷，使发动机主要工作在中高速下，充分发挥了阿特金森循环发动机热效率高的优点，提高了整车的燃油经济性和排放性能。阿特金森循环发动机在大部分负荷范围内（小负荷除外），由于节气门开度加大，节流作用减小，不存在额外的泵气损失，高膨胀比又提高了燃油的做功能力。在需要提供大输出功率时，混合动力汽车通过电机和动力电池组输出能量，辅助发动机提供动力，避免传统发动机使用过浓混合气提高输出功率的缺陷。由此说明，阿特金森循环发动机是混合动力汽车的理想发动机。

随着新能源汽车的发展，全球各大汽车厂商正在加快新能源汽车关键技术的研发，比如通用公司最新的2.0T发动机采用停缸技术，通过停缸机构关闭进、排气门；同时，相应气缸的喷油系统也被关闭，实现了降低燃油消耗的目标。日本丰田公司混合动力车型的发动机采用阿特金森循环、高ECR率（再循环的废气量与吸入气缸的进气总量之比）和降摩擦等先进的节能技术。

（四）变速器技术

混合动力汽车可以采用的变速器型式较多，包括机械式自动变速器、手动变速器、带传动无级变速器、电子式无级变速器、行星齿轮自动变速器等，我们需要综合各种类型变速器的优缺点进行选择以适配各车型的需求，来实现各车型性能的最优。

（五）动力耦合装置技术

混合动力汽车的动力耦合装置技术一直都是其研究的重点与难点，直接影响车辆综合性能。目前，在混合动力技术中动力耦合装置主要可以分为转速结合式、驱动力结合式、转矩结合式三种动力耦合方式。但这三种动力耦合装置在实际应用过程中都存在一定的优点、缺陷和不足，如可以有效节能，但是存在控制系数高、操作难度较高等缺点。因此，在进行动力耦合装置类型的选择过程中要充分考虑自身的利益和当前的实际情况，明确自身的实际需求，从而能够科学、高效、合理地选择最佳的动力耦合装置，而且能够根据消费市场现有的汽车使用情况，来科学预测未来混合动力技术的发展方向，不断创新和优化自身的设计方案，使混合动力汽车不仅能满足用户当下的短期使用需求，还能主动适应未来科技社会的发展需要，从而提高混合动力汽车的整体价值。

（六）驱动系统控制技术

混合动力汽车的驱动系统控制技术需结合汽车相关的行驶状况、发动机与电机工作性能、电池的荷电状态、汽车起步、模式切换、汽车换挡等动态过程的数据编制程序，电动汽车电子控制系统由传感器、电子控制元件和执行元件构成，在汽车行驶过程中，传感器采集到汽车运行的各类信息，并将信息传输到电子控制元件，电子控制元件接收到这些信息后，按照控制系统控制程序进行决策和处理，并将控制信号传送给执行元件，执行元件接收到控制信息后，执行相应的动作。最终实现对驱动系统的有效控制，以确保发动机能在较短时间内平稳起动；能确保有效控制驱动前的转速与离合器接合过程；能协调控制发动机与电机转矩；能确保在汽车总需求转矩造成较大波动时，有效协调控制电机与发动机的转矩。随着汽车工业的发展，计算机信息技术、物联网技术、人工智能技术、自动控制技术和专家控制系统等广泛应用在汽车生产领域。目前，混合动力汽车控制技术研究方向主要是将传统的汽车动力控制系统、混合动力控制系统以及制动能量回收控制结合起来，打造更舒适、安全、节能的空间环境。控制技术的主要目的是让发动机处于高效的工作区域，减少汽车的油耗和排污，充分利用发动机的热量。能量制动回收是混合动力汽车研究的重点内容，目前，发达国家的电动汽车在相同的 WLTC 工况（全球轻型车辆测试循环）测试中的能量制动回收可以节省 20% 的能量需求。

第三章　新能源汽车产业链的建构

第一节　传统汽车产业链与新能源汽车产业链的对比分析

一、传统汽车产业链分析

汽车产业链包括汽车生产制造产业本身和与汽车产业相关联的产业，与汽车相关的产业又包括产业链上游的原材料供应产业和下游的汽车服务产业。汽车产业的本体与其相关的产业共同构成了汽车产业发展的内外部环境。汽车产业链涉及几十个产业部门，如有色金属、钢铁、橡胶、木材、玻璃、纺织品、化学制品等工业，以及燃料、供水、供电、各种电类附件等部门，这些产业部门和汽车产业有着十分密切的关系。全球约 1/3 以上的石油、50% 的橡胶、25% 的铝、15% 的钢材以及 10% 的塑料用于汽车产业。

（一）传统汽车产业链的上游

汽车产业消耗着大量的橡胶、钢铁、塑料、电子以及石化等工业原材料。原材料的价格变化对汽车零部件以及整车的制造成本造成直接的影响，而原材料质量的优劣对汽车产业零部件以及整车的质量优劣也有着直接的影响，因此原材料在汽车产业中有着举足轻重的作用。

我国的钢材市场有着巨大的发展空间，尤其是在车用钢材市场方面，由于生产每辆轿车所用的钢材约占 1 吨，钢铁在所有车用生产原材料中所站的比重最大，使用率高达 50%，各类钢铁铸件的使用率也达到 20% ~ 30%，而客车、货车和重卡车所用的钢材更多，因此汽车钢材市场的空间巨大。

橡胶是制造汽车轮胎、橡胶密封件的必备原料，对汽车产业起着重要的作用。近年来，随着我国汽车产量的快速增长，刺激和带动了橡胶制品和材料产业的发展。截至 2023 年，我国汽车产销量连续 15 年第一，车用橡胶消耗总量达 672.7 万吨，全球车用树脂及橡胶消耗量为 1550.1 万吨，约占全球橡胶消耗的 43.4%。

塑料在各种车用原材料中为重要的轻质材料。由于车身的轻重对于车辆的成本和油耗有着直接的影响，因此，塑料在汽车上的广泛使用不仅能够使汽车的质量大幅减小，还能够使前期购车成本和后期的养车成本降低很多。近年来，汽车轻量化成为降低汽车排放、提高燃烧效率的有效措施，也是汽车材料发展的主要方向，它使塑料在汽车中的用量迅速上升，汽车塑料件已成为"双碳"背景、轻量化趋势下"以塑代钢"的重要载体，在汽车轻量化背景下，中国汽车塑料件行业规模不断扩大。

（二）传统汽车产业链的中游

1. 零部件加工

汽车零部件加工涉及多个领域，包括发动机、变速器、底盘系统、车身、电子电气系统等。零部件的加工质量直接影响整车的性能、安全性和使用寿命。首先，随着汽车技术的不断进步，对零部件的精度和可靠性要求越来越高。例如，发动机的零部件需要具备高强度、高耐磨性和高温稳定性，这就要求采用先进的材料和精密的加工工艺。此外，数控机床、自动化生产线和机器人技术的广泛应用，提高了零部件加工的效率和质量，降低了生产成本。其次，绿色制造和可持续发展理念在零部件加工中逐渐普及。为了减少对环境的影响，企业在生产过程中越来越多地采用环保材料和节能降耗技术。例如，轻量化材料的应用不仅能提高燃油经济性，还能减少碳排放量。同时，废水、废气和废料的处理技术不断升级，实现了资源的循环利用和污染的最小化。最后，零部件加工的全球化趋势也日益明显。随着全球汽车产业的快速发展，跨国零部件企业在全球范围内布局生产和供应链，形成了一个复杂而庞大的全球供应网络。这不仅提高了零部件的生产效率和供应能力，还促进了全球汽车产业的技术交流和合作。

综上所述，传统汽车产业链中游的零部件加工是一个技术密集型和资本密集型的行业，其发展水平直接关系到整个汽车产业的竞争力和可持续发展。随着科技的进步和市场需求的变化，零部件加工行业必将不断创新和升级，为汽车产业的未来发展提供了坚实的基础。

2. 整车装配与分销

整车装配是指根据整车设计的要求，将预先订制好的零部件在汽车生产线上，按照一定的先后顺序和流程进行加工和装配，最终形成整车产品的生产过程。

整车装配是整个汽车产业链中最重要的一环，整车的数量和款式直接影响着下游的汽车消费市场，而整车装配所需要的零部件产品又影响着上游零部件企业的生产情况，所以，整车装配环节直接影响着汽车产业链的上下游。同时，下游的汽车消费市场对汽车类型、款式、性能的不同要求又影响着整车生产企业的决策，为了满足消费者的不同需求，整车生产企业必须不断推出新的款式，如此一来，整车生产企业对上游的零部件生产企业则又提出新的要求。零部件企业必须重新进行研发，满足整车装配对零部件产品的质量和技术标准的需要，因此，零部件企业必须与整车装配企业密切合作，共同研发，才能够及时满足汽车消费市场的需求。

整车分销是指整车下线之后，从汽车生产企业手中到汽车消费者手中的整个过程，具体可分为汽车生产企业将整车产品供应到一级经销商手中，一级经销商供应给二级经销商或用户手中。因此，整车分销包括汽车生产企业的整车供应和汽车经销商的零售。

（三）传统汽车产业链的下游

下游作为汽车产业链的最后一个环节，是指在将整车出售之后，面对汽车消费者的与汽车用品相配套的售后服务市场。售后服务市场包括供应能源的加油站、提供质量服务的维修站、提供车辆装饰的车辆美容店、提供二手车买卖和租赁的交易市场等，这一环节的涵盖范围非常广泛，其发展状况直接影响汽车产业链中游和上游的发展。目前，汽车服务市场的发展日趋完善，竞争也更加激烈，国内外比较大的汽车生产企业逐步建立了标准化、制度化、规范化的售后服务体系，为消费者提供购车、上牌、装饰、维修和回收等一条龙服务，极大方便了消费者。

汽车服务市场的主要作用是对汽车的正常维护和修理。虽然汽车的正常维修主要在一些常见的易损件上，但由于汽车种类和款式的繁多，所以不同的汽车消费者对汽车的配件需求各不相同，从而导致汽车配件维修市场具有需求的总量大、配件的品种多、单个配件的需求小等特点。这就使得汽车服务市场要建立广泛的服务网点，并根据消费者对质量、价格的不同需求采购不同类型的配件。

二、新能源汽车产业链的特点

新能源汽车是采用非常规的车用燃料作为动力来源（或使用常规的车用燃料、采用新型车载动力装置），综合车辆的动力控制和驱动方面的先进技术，形成的技术原理先进，具有新技术、新结构的汽车。

新能源汽车主要包括纯电动汽车、混合动力汽车、燃料电池电动汽车、太阳能汽车、氢动力汽车、生物乙醇汽车、燃气动力、二甲醚动力和其他类型（如高效储能器）等。混合动力汽车以日本汽车企业生产的混合动力汽车为首，技术成熟且已成功推出市场。纯电动汽车、燃气动力汽车、氢能源汽车等关键技术也已取得突破，通过部分地区示范和试点取得很好的反响。

（一）有别于传统汽车的配套设施

实现新能源汽车的产业化是我国维护国家能源安全、实现节能减排、振兴汽车工业的战略选择，而建设有别于传统汽车加油站的电动汽车充电网络是实现新能源汽车产业化的前提。要促进新能源汽车的发展，必须逐步完善配套设施，在各主要城市设置充足的、便捷的、功率大的充电网点。根据当前的技术状况，大部分电动汽车的单次续航里程平均约为 250 km，在电池续航能力短期内难以提高的情况下，充电站的建设将直接影响电动汽车的推广。

目前发展技术较为成熟的电动车充电站主要有三种：一是插充模式，即通过长时间停靠在充电站进行充电；二是换电池模式，即通过设备给电动车实施全自动更换电池，以目前比较普及的电动环卫车为例，8 吨的环卫车只需要 4 min 便可完成；三是速充模式，即通过快速充电，在几分钟内恢复大部分的电力。由于第三种方式对电池的损耗较大，因此目前主要采用前两种方式。

（二）需要更加专业的技术人才

新能源汽车的推广应用，需要大量的汽车工程专业类的人才，他们不仅应拥有汽车技术服务方面的工作经验，而且还要具有一定的沟通能力、分析能力和学习能力；而对汽车电动机驱动、电池材料的应用、汽车电动机的控制技术、充电机（站）的应用和原理、混合动力的控制和应用等职位的人才则提出了更高的要求，该职位不仅需要较高的外文水平，而且计算机操作必须熟练。

汽车服务人才是应用型人才，他们既要掌握新能源汽车在电机电池保养方面所需的汽车理论知识，还要有实际操作时的专业能力，并且要熟练掌握配件的功能、价格及配件维修与更换的差异等情况，以便与客户进行良好的沟通；既需要具备传统汽车的实战经验，还要懂得新能源汽车电池、电机、混合动力和控制系统的维修和保养等。

三、构建新能源汽车产业链的必要性与可行性

（一）构建新能源汽车产业链的必要性

1. 发展低碳经济的需要

面对油价持续高涨和全球温室气体排放量持续增加的严峻形势，世界各国都积极探索新的经济发展模式。英国政府在 2003 年发布《我们能源的未来——创建低碳经济》，官方第一次在公开场合提出低碳经济的概念，倡导积极发展低碳产品和相关技术，这为改变传统经济增长方式提供了新的思路。随后，世界各国都陆续开始探索低碳经济的发展模式。面对能源需求量的持续增长和温室气体排放量的增加，2007 年以来，我国政府也提出了要改变传统经济增长方式，积极发展低碳经济。截至 2023 年年底，我国汽车保有量已达 3.36 亿辆，汽车销售量以每年两位数的速度增长，而且随着人们生活水平的提高，这一增长速度还将加快，这为我国改变传统的经济增长方式提出了更加严峻的挑战。

根据美国环境保护署的报告，汽车排放的尾气中二氧化碳的含量约占人类排放二氧化碳总量的 17%。因此，如何减少汽车尾气的排放成为我国降低二氧化碳排放量的重点。新能源汽车不以汽油、柴油等传统能源为燃料，而以较为清洁的电能、氢能等能源为动力，极大降低了二氧化碳的排放量，因而普及新能源汽车，大力发展新能源汽车产业，为我国实现低碳经济、降低温室气体的排放提供了解决途径。

2. 解决能源问题的需要

根据美国能源部预测，石油、天然气等传统能源在未来依然是需求量增长最快的能源。截至 2023 年年底，全球已探明的石油储量为 2406.9 亿吨，全球石油产量预计为 46.18 亿吨。然而，全球石油需求量却逐年增加，每年仍将以 2.2% 的速度增长。也就意味着，如果不改变现在的能源消费结构，全球石油将开始供应短缺，从而出现能源危机的局面。美国能源部预计全球运输消耗石油量到 2030 年将达到 32 亿吨，占全球石油消费总量的 50% 以上。

1994 年，我国开始由石油净出口国变为石油净进口国，石油对外依存度在 2002年上升到 25%。2010 年，据海关统计，我国原油总进口量超过 2.4 亿吨，我国成为继美国后世界第二大石油进口国，石油对外依存度在 2011 年更是上升至 56%。如果不能改变传统经济发展模式，摆脱经济发展对石油的依赖，将来发展的成本势必会大幅增加。对能源需求的快速增长和油价的不断攀升，使得如何解决能源安全问题成为迫在眉睫的事情。所以，改变传统汽车的驱动方式，降低汽车耗油量，对缓解我国的能源安全问题将起到重要作用。

3. 发展汽车工业的需要

近年来，我国的汽车制造业取得了显著的发展，成为全球汽车产量和销量最大的国家之一。根据统计，2023 年，我国汽车产销量分别达 3016.1 万辆和 3009.4 万辆，同比分别增长 11.6% 和 12%，年产销量双双创历史新高。这不仅反映了中国在汽车制造领域的强大生产能力，也显示了中国在全球汽车市场中的重要地位。

新能源汽车的出现为我国汽车工业的发展指出了一条捷径。随着日益显现的能源危机和环境压力，国际各大汽车企业巨头纷纷投资加快对新能源汽车的研发与推广，而各国政府竞相出台一系列优惠政策来鼓励新能源汽车产业的发展。如今，世界各国都将新能源汽车作为传统内燃机汽车未来的替代品。20 世纪 80 年代末 90 年代初，发达国家逐步加强了新能源汽车的研发与产业化建设，而我国从 1999 年开始，也从各个方面加大了对新能源汽车产业核心技术研发的支持力度，并在燃料电池、蓄电池等关键零部件的技术上取得了重大突破，从这一方面来看，我国在新能源汽车领域与发达国家的差距并不是太大。而且，近几年我国电动自行车产业的发展飞快，我国可以借鉴电动自行车产业发展的成功经验来实现新能源汽车产业的发展。新能源汽车的出现，为我国突破了传统汽车工业发展的瓶颈，实现汽车产业的跨越式发展提供了良好的机遇。

（二）构建新能源汽车产业链的可行性

第一，随着我国经济的迅速发展，汽车工业迎来了发展的黄金时期。随着人均GDP的迅速增加，尤其是在2002年人均GDP超过1000美元后，我国汽车工业进入了高速发展时期，轿车逐渐进入普通家庭，汽车销量随之迅猛增长，2006年销售量突破700万辆，成为除美国之外的全球第一大汽车消费市场，在2007年汽车销量突破800万辆，即便是在2008年全球金融危机的情况下，我国消费者对汽车的强劲需求也未被国际汽车市场的低迷影响，2009年汽车销量突破900万俩，我国汽车产销首次超过1000万辆，标志着我国已经进入世界汽车生产大国行列。此外，自2009年以来，我国汽车产销总量已经连续14年稳居全球第一。目前，我国的汽车消费需求处在一个迅速增长期，这对于我国新能源汽车产业的发展来说是一个千载难逢的好时机。

第二，在汽车工业比较发达的欧美国家，传统汽车的普及率较高，这给新能源汽车的推广造成了一定的阻力，因为民众购买新能源汽车的同时，意味着将会淘汰自己原有的汽车，无形之中会增加自己购车的机会成本。而且经过几十上百年的发展，发达国家根深蒂固的汽车文化和已经形成的消费习惯同样会阻碍新能源汽车的推广和应用。与欧美等发达国家相比，我国的汽车产业发展相对较晚，人均汽车拥有量仅为世界平均水平的1/3，汽车普及率还比较低，汽车消费还有很大的增长空间，民众在汽车动力系统上还有很大的选择余地，因此新能源汽车的普及相对发达国家来说也会比较容易。

第三，我国在电动汽车的推广和应用上具有良好的社会基础。据统计，我国电动摩托车与电动自行车的保有量超过5000万辆，这将极大地促进电机和蓄电池产业的发展。目前，我国已经出现一批较为成熟的车用电池电机的厂商，如风帆、比亚迪等。因此，电动摩托车和电动自行车的成功推广为新能源汽车尤其是电动汽车的产业化发展奠定了一定的社会基础。

第四，从原材料状况来看，稀土、锰、铁等稀有资源在我国储量非常丰富，这些资源都是生产电机与电池所必需的原材料。在新能源汽车技术上，自1999年，我国就开始加大了对新能源汽车的研发，经过20多年的努力，我国在蓄电池和燃料电池技术上已经取得了较大的突破，也培养了一批新能源汽车核心技术领域的高科技人才。

综上所述，我国的汽车消费市场需求旺盛，在新能源汽车的推广上具有比较优势；轻型电动车的推广应用为新能源汽车的产业化发展奠定了良好的社会基础；在新能源汽车所需要的稀缺资源上占有绝对优势；在新能源汽车的技术和人才上也不存在较大阻力，因此构建我国自己的新能源汽车产业链是可行的。

第二节　新能源汽车产业链的外部环境与内部基础

一、新能源汽车产业链的外部环境

（一）节能减排，新能源汽车势在必行

自 2008 年以来，面对金融危机、油价高涨和日益严峻的节能减排压力，美国、日本、欧盟相继发布实施了新的新能源汽车发展战略，进一步明确了产业发展方向，同时明显加大了政策扶持力度。各国行动计划的共同特点是政府直接介入，组织能源、交通、制造等多部门联合推动，研发投入、产业布局、政策优惠多管齐下，促进新能源汽车与动力电池、新能源发电、智能电网等产业的交叉融合与综合发展，打造新兴战略产业链。

（二）国外新能源汽车产业发展现状

1. 美国新能源汽车产业发展现状

早在 20 世纪 70 年代，美国就以立法、政府资助和财政补贴等手段加速发展新能源汽车。随后，以加州为首的多个州都通过了一系列限制排放和鼓励新能源汽车产业发展的政策。美国新能源汽车的研发，不仅得到了美国政府的大力扶持，而且受到了民营资本的青睐，政府和企业都投入了大量的资金和科研力量，使新能源汽车研发资金的来源有了可靠的保证。在多种因素的共同推动下，美国新能源汽车的研发和商业化进程都有了较快的发展。

美国自 20 世纪 90 年代起，推行了大量支持新能源汽车发展的计划，如 PNGV 计划、FreedomCAS 计划、新能源汽车电池利用研究项目、AVP 计划等。美国总生产计划，推动先进电池技术和新能源汽车部件的研发，另外 4 亿美元用来购买 7000 余辆纯电动和插电式混合动力汽车，在多个地点进行研究以评估其性能，在总结各种车型性能优缺的基础上，选择适合自己的新能源汽车发展路线，并培养出该领域的优秀技术人才，以支撑该行业的发展。

2. 欧洲新能源汽车产业发展现状

（1）德国

德国是汽车制造业大国，大众、奥迪、奔驰、宝马等都源自德国。德国也十分重视环境保护，不仅致力于与传统汽车的改造升级，而且投入巨额资金用于新能源汽车的研发。早在 1971 年，德国就成立了城市新能源汽车交通公司（GES），积极引导企

业进行新能源汽车的研发。此外，德国政府还指定奔驰和大众两大汽车公司合资建立起德国汽车工业有限公司，针对新能源汽车的关键技术进行研究。

德国在 2009 年发布了"国家新能源汽车发展计划"，并以纯电动汽车和插电式新能源汽车作为发展的重点，旨在进一步促进新能源汽车的研究和市场化。根据该计划，德国新能源汽车相关领域的科研机构、汽车生产企业以及国家相关部门等 100 多名专家，分为七个工作组分别研究新能源汽车领域亟待需要解决的驱动电机、电池等核心技术，以及基础设施建设与专业技术人才的培训、充电接口的标准化、电池材料的回收利用和相关扶持政策等问题。

（2）法国

法国是一个石油匮乏的国家，每年都要进口大量石油，因此，法国在研制和推广新能源汽车方面投入了大量人力、物力和财力。法国的电力资源非常丰富，水力发电站的电力占全国总电力的比重为 15%；而核发电站的电力占全国总电力的比重高达 75%，所以法国电力的价格较便宜。法国政府在鼓励开发新能源汽车方面也给予了许多优惠政策，为开发新能源汽车提供了大量的资助。

法国在电池、电机和电控等新能源汽车核心技术方面处于世界领先水平，这为其大力发展新能源汽车提供了技术保障。法国政府为了新能源汽车的推广应用，还制定了企业购买新能源汽车在 1 年内可以免税的政策。同时，为了扩大电力的使用范围，法国电力公司将对生产新能源汽车的厂家按照新能源汽车的产量提供相应的补助。当前，法国在新能源汽车的推广和普及应用方面走在了世界的前列。

法国将在未来 4 年投入 4 亿欧元进行混合动力和纯电动汽车的研发，政府还计划以贷款等形式投资 15 亿欧元大力建设充电网络。

（3）其他国家

英国政府每年都投入巨资支持新能源汽车相关领域的研发，而且对新能源汽车的使用者给予了许多非常优惠的政策，如免收各种车辆税费、晚上充电只收平时电费价格的一半。因此，英国的新能源汽车技术较为先进，普及得也较为广泛。

瑞士是欧洲新能源汽车使用效率最高的国家之一，瑞士政府为了降低汽车尾气对环境的影响，要求在旅游区禁止内燃机汽车通行，只能使用新能源汽车。瑞典的 VOLVO 汽车公司以及荷拉奇等汽车生产公司为了提高自己的竞争力，在新能源汽车方面都投入巨资进行研发，以早日实现产业化发展。

3. 日本新能源汽车产业发展现状

日本是一个能源极其缺乏的国家，日本政府非常重视新能源汽车的研究和开发，是发达国家中发展新能源汽车比较早的国家。早在 1965 年，日本通产省就正式把对新能源汽车的研究列入了国家重大科研项目，并投入大量的人力、物力和财力进行新能源汽车的研发。

作为与各大汽车厂商有密切伙伴关系的日本最大的电力公司东京电力公司宣布，将带头参与普及纯电动汽车的基础设施建设。在 2009 年，东京电力公司就在东京建立了 200 多个充电站，之后三年内，又陆续增加充电站超过 1000 个。日本 NEDO（新能源产业技术综合开发机构）投资约 100 亿日元启动了国家新能源汽车实用化，以开发高性能充电电池。

日本政府制定的新能源汽车发展的目标是，到 2030 年，每辆新能源汽车的成本价格从目前的 1000 万日元左右降至 300 万日元左右，单次充电的行驶距离从现在的 100 km 左右延长至 500 km 左右，以解决电动汽车在制造成本高和行驶距离短等方面的问题。

二、新能源汽车产业链的内部基础

（一）新能源汽车产业链的优势

1. 稀土资源丰富

在未来新能源汽车的发展中，电机作为其动力转化装置，将逐步取代传统内燃机，成为新型汽车的心脏。其中，永磁同步电机具有高效、高功率密度、高可靠性的特点，能够满足新能源汽车使用要求，适应车辆安装空间有限的约束，而我国又是永磁同步电机所必需的稀土资源储量最为丰富的国家，已探明的稀土资源量约 6588 万吨，约占全世界稀土总量的 57%。我国的稀土资源不仅总量大，而且品种多、类型全、分布广泛但又不零碎，十分有利于开采，这将对我国新能源汽车核心零部件——电机的发展有着重要的意义。

2. 人力资源丰富

一方面，我国的人力资源非常丰富，汽车产业链的各阶段都拥有着丰富的劳动力资源。另一方面，我国汽车产业有着明显的人力成本优势。

另外，我国新能源汽车企业越来越重视技术人才的培养和储备，现已拥有一批技术能力相当娴熟的工程技术人员。这些因素均反映在人力资源成本方面，我国新能源汽车产业具有一定的比较优势。

3. 新能源汽车未来市场需求大

我国目前还处于城市化、工业化的初期阶段，在未来很长一段时间内，地区间经济发展不平衡的状况很难改变。因此，由于收入水平的差异，不同地区、不同阶层的消费者对汽车产品的价格、配置等需求不同，我国的汽车消费市场呈现明显的多元化、差异化的特点。在这种形势下，只要汽车生产企业紧密围绕市场需求，面对不同的目标群体，有针对性地进行新产品开发和推广应用，如优先发展成本较低的纯电动代步汽车，将有利于拓展新能源汽车在国内市场的发展空间。

首先，在"消费者上下班和短途出行"细分市场领域，纯电动汽车尤其是微型电动车的发展前景非常广阔。作为消费者出行的交通工具，目前纯电动汽车 100 km 左右的续航里程是其最大短板，显然与传统内燃机汽车无法相比；同时，大量的电池也会增加车重，占据车内空间，限制了消费者携带出行物品的数量。但是，普通市民上下班和短途出行对续航里程和车速的需求不高，关注的是其日常使用成本和方便性。工信部的相关调查显示：在 10 个大中型城市 3400 名被访者中，接近 70% 的普通消费者可以接受车速 60 ～ 80 km/h、一次充电续航里程 100 ～ 160 km 的小型纯电动汽车；北京交通发展研究中心研究结果表明，北京小汽车低于 50 km 的短途出行，目前达到了全部出行的 44%，同时，低廉的电价深受消费者的欢迎和喜爱。因此，满足"消费者上下班和短途出行"需求已成为目前纯电动汽车的主流定位。此外，新能源汽车充电基础设施普及程度是保障消费者出行充电方便性的关键因素，将直接影响消费者对新能源汽车产品的认可度。目前，国家电网、南方电网、中石化、中国普天等大型国企都已投入充电站、充电桩的建设之中，中海油则正在筹建电池更换站。在 2010 年 8 月 18 日成立的央企新能源汽车产业联盟中，保利地产也加入到了新能源汽车配套设施的建设中，参与居民社区的充电设备建设。可以预见，在诸多大型国企的协作努力下，国内的新能源汽车配套基础设施将迅速得到普及，为新能源汽车消费市场的健康发展提供强有力的环境支撑。

其次，"购车补贴、充电廉价、税费减免"是新能源汽车突出的消费成本优势，是拉动产业市场发展的终极因素。消费成本是消费者购车考虑的首要问题。新能源汽车的消费成本主要集中于电池的高额购买和维护更换价格、日常充电费用和政府税费三方面。目前，电池的成本约为 5000 元 /（kW·h），若新能源汽车配备一套 10 kW·h 的电池组，相比传统内燃机汽车，其购买成本将增加 5 万元，在新能源汽车使用年限内的电池维护和更换也是大幅增加消费成本的重要因素。目前，国内外主要通过购车补贴、裸车销售、电池租赁等途径抵销电池成本的增加，打开新能源汽车大规模市场化的局面。相比传统燃油汽车，新能源汽车的用电价格具有显著的使用成本优势，按照目前纯电动轿车平均电耗 20 kW·h/100 km、电价 1.00 元 /（kW·h）计算，使用成本约为 20 元 /100 km，而同级别传统车的使用成本约为 50 元 /100 km（平均油耗为 8 升 /100 km，油价为 6.57 元 /L），以年行驶 15000 km 计算，纯电动轿车每年可为用户节省 4500 元的开支，满足对能源价格十分敏感的广大中低收入汽车客户群体"买得起、用得起"的消费需求。与此同时，为了鼓励消费者在电网负荷低谷（夜间）时进行常规充电，国际政府通常采取极其优惠的价格，如日本东京市政府规定用电低谷时段电价约为峰值时段电价的 1/5，这种电价政策进一步刺激了新能源汽车的消费市场。随着我国智能电网建设的快速发展，相关政策的陆续出台，消费者将从新能源汽车用电成本上得到更大的实惠；此外，各国政府还通过减免相关税收推动新能源汽车的发展。综上所述，未来新能源汽车潜在市场规模巨大。

4. 国家政策的支持

早在"八五"期间，国家计划经济委员会和国家科学技术委员会就将新能源汽车项目正式列入国家研究和攻关计划。"九五"期间，国家科技部把新能源汽车列入国家重大产业工程项目，建成了我国唯一的国家电动汽车运行试验示范区。另外，在中、美两国政府军转民合作项目和北京市政府支持下，还研制了我国首辆纯电动大客车YW6120DD 和我国首辆具有完全自主知识产权的纯电动公交车 BJD6100EV，完成了为期 3 年的载客示范试验。"十五"期间，我国实施了国家新能源汽车重大科技专项，并确定了以纯电动、混合动力和燃料电池为"三纵"，以电机、电池和动力总成为"三横"的研发格局。以开发新能源汽车整车技术和关键零部件技术为重点，采取整车牵头、零部件配合、产学研相结合的模式，推动了新能源汽车技术的开发。

"十一五"时期，我国提出"节能和新能源汽车"产业发展战略，并从企业、高校和科研单位以 6：3：4 的比例成立了节能与新能源汽车重大项目专家组，负责该项目的总体协调和技术指导工作。随后，政府出台了多种政策支持新能源汽车的研发和产业化发展。

2008 年，国家发改委制定的《新能源汽车生产准入管理准则》正式实施，在政府、社会和汽车生产企业的积极努力下，新能源汽车在国内开始进入全面市场化运作阶段，2008 年也因此被业内人士定义为新能源汽车"元年"。2008 年 1—12 月新能源乘用车的销售量为 899 辆，同比增长 117%，而 1—12 月新能源商用车的销售量为 1536 辆，同比下滑 17%。

2009 年，在出台的各种扶持新能源汽车的政策背景下，我国新能源汽车产业发展迅速。尽管新能源汽车在我国汽车销售市场中的比重比较低，但在中国商用车市场上有着巨大的增长潜力。2009 年前 11 个月，包括混合动力客车、液化天然气客车和液化石油气客车在内的新能源商用车销量同比增长 179%。我国汽车市场中新能源汽车所占的比重逐渐增加。

2010 年，我国陆续出台了对新能源汽车的扶持政策。2010 年 6 月 1 日，发改委、工信部等四部委联合出台了《关于开展私人购买新能源汽车补贴试点的通知》，确定在上海、深圳等 5 个城市启动私人购买新能源汽车补贴试点工作，最高补贴可达 6 万元。同时，又出台了《关于印发"节能产品惠民工程"节能汽车推广实施细则的通知》，普通 HEV 被纳入"节能产品惠民工程"，按每辆 3000 元标准给予一次性定额补贴。2010 年 7 月，国家将新能源汽车示范推广试点城市由 2009 年的 13 个增至 25 个，国家对新能源汽车达到了空前的扶持力度。

从 2010 年政策起步到 2020 年，新能源汽车补贴已经超过 1521 亿元，至少覆盖了 317 万辆汽车。不过，自 2023 年 1 月 1 日起，施行已有 13 年的新能源汽车补贴政策正式终止。

2023 年 4 月 28 日中共中央政治局分析研究当前经济形势和经济工作时提出，要巩固和扩大新能源汽车发展优势，加快推进充电桩、储能等设施建设和配套电网改造。5 月 5 日国务院常务会议要求，进一步优化支持新能源汽车购买使用政策，鼓励企业丰富新能源汽车供应。6 月 2 日国务院常务会议研究了促进新能源汽车产业高质量发展的政策措施。

5. 其他方面的优势

近年来，我国的电动汽车产业发展飞快，与电动汽车相关的零部件产业的发展也有了一定的基础，这不仅带动了与电动汽车相关的动力电池、驱动电机等核心零部件的发展，而且为电动汽车大规模产业化生产和成本控制等方面的发展奠定了坚实的产业基础。

另外，在发达国家，城市化建设已经接近尾声，在城市内新建或改建与新能源汽车配套的充电网络的难度要比我国大得多。我国的城市化建设还处于发展期，而农村地区的城镇化、城市化建设才刚刚起步，因此，电动汽车的充电站、充电桩等基础设施的建设在我国还有很大的发展空间，这也降低了我国新能源汽车发展的阻力。

（二）新能源汽车产业链的劣势

随着汽柴油价格长期呈上涨趋势，新能源汽车越发备受关注，产业链的各个环节在总体上都将受益，不过也面临"零部件核心技术缺乏、整车销售无人问津，基础配套设施不健全"等方面的问题。

1. 关键技术缺乏

新能源汽车以其环保、节能的特性，成为汽车未来发展的趋势。但是目前新能源汽车在技术方面仍存在不少问题，动力电池作为新能源汽车的核心部件，存在造价较高、能量密度较低、循环寿命较短、设计工艺水平较低的情况，而且动力电池所需的高级材料仍需进口，缺乏专业的检测设备等多种问题，尤其电池的损伤和消耗，会直接影响车的行驶里程和使用寿命，这也是新能源汽车产业化一直举步维艰的重要原因。

另外，纯电动汽车通过充电站充电的模式也面临许多技术问题。例如，纯电动客车刚刚熄火时电池温度高，不能马上充电，否则会有危险，必须有一个间歇，业内人士将之称为"安全时间"。这样一来，纯电动汽车补充电量的时间即被拉长，加上快充模式下充满电池必须 15 ~ 34 min，纯电动汽车的使用便利性就无法与传统汽车相比。

当温度过热时，电池故障率比较高，功率输出不稳定。因此，如何消除在温度过高的情况下电动车可能存在不稳定的问题，依然是一个需要亟待解决的难题。

2. 资金缺乏

目前，我国的汽车生产企业和新能源汽车研发机构已经研制出了新能源汽车的各种产品样车、功能样车和性能样车等，但还需要去做许多工作，如完善样车的各项技术指标、提升汽车的生产工艺水平、加强样车的试验考核以及制定统一的技术标准等。要想实现新能源汽车的产业化发展，必须渡过进入市场最艰难的起步阶段。我国的新能源汽车与已经发展 100 多年的传统内燃机汽车相比，目前仍然处于起步阶段，在核心技术的攻关、配套设施的建设以及推广应用几个方面还需要投入大量的资金。

首先，突破核心技术瓶颈仍需大量的资金投入。当前，虽然新能源汽车在个别城市已经开展了示范化运行，但仍然存在许多问题，如对车型的创新能力不足、电动汽车的电池在运行的过程中还存在不稳定的情况、车辆的成本还无法控制在消费者能够接受的水平等，这些方面归根结底是由于对基础技术的研发力度不够，要想实现新能源汽车的产业化发展，必须在核心技术和基础设施方面投入大量的资金。

其次，与新能源汽车相配套的基础设施建设还需要大量的投入。在 2005 年北京奥运会期间，投入了大约 600 辆新能源汽车为奥运会服务，而这 600 多辆新能源汽车所需要的配套设施高达 3 亿元。因此，与新能源汽车所配套的基础设施建设不是一蹴而就的，需要政府、企业以及全社会的共同参与，才能够推动新能源汽车的产业化发展。

最后，发展新能源汽车需要建立大量的示范推广点及相应的政策和资金投入。目前，与传统汽车相比，混合动力汽车要增加 30% ～ 40% 的成本，纯电动汽车需增加 40% ～ 50% 的成本，而燃料电池汽车则要增加超过 100% 的成本。虽然我国已经在几个重点城市开展了新能源汽车的商业化示范运行，但由于示范运行的范围有限，在未来几年，还需要国家投入更多的资金来进行更大规模的示范工程。

由于我国针对新能源汽车市场的准入标准还不统一，产业化的发展迟迟不能推进，所以还需要国家相关部门在消费者购买新能源汽车时，在购置税、附加税等方面给予一定的优惠政策，或者直接给予一定的补贴，以实际行动推进新能源汽车的市场化进程。

3. 人才缺乏

自 2002 年以来，虽然我国新能源汽车产业在整体实力方面有了较大的提升，已经形成了一批比较优秀的科技人才，但这支人才队伍的规模对快速发展的新能源汽车产业来说还远远不足，不管是在科技人才方面还是在管理人才方面都存在巨大的缺口。

在科技人才方面，由于我国对新能源汽车的研发还处于产业发展的前期，在核心技术以及基础研究方面的人才非常缺乏。

另外，与传统汽车的发展状况相比，我国新能源汽车在新车型的研发和关键技术的检测验证等方面的技术水平还比较低，还需要一大批专业的科技人才。另外，我国正在各大中城市大力推广新能源汽车的示范运行，而在推广的过程中，与之相适应的管理人才队伍是必不可少的。如果能够从示范化运行的实践中积累经验，借助高效的管理水平来弥补在技术方面的不足，将会大大促进新能源汽车示范化进程的推广。因此，随着即将在全国十几个大中城市开展大规模的新能源汽车示范工作，将需要更多与之配套的相关管理方面的人才。

我国的汽车工业正处在新能源汽车产业化进程的关键时期，对我国汽车工业来说，只有尽快培养一大批技术和管理人才，采取各种措施吸引一流人才投入新能源汽车产业化的发展过程中，实现以人才来推动科技进步和新能源汽车的产业发展，才能在激烈的国际竞争中站稳脚步，最终实现新能源产业化的发展目标。

4. 其他方面的劣势

（1）售后服务体系的劣势。汽车的后期维修和保养费用一直是消费者比较关心的问题，由于目前的新能源汽车产业化发展相对传统汽车来说还很不成熟，因此，后期高昂的维修成本和寥寥无几的维修站点也成为新能源汽车发展的劣势。在目前竞争比较充分的传统汽车市场上，众多的生产商给消费者带来了许多价格优势以及比较周到的配套服务体系，这也是现阶段的新能源汽车所不能相提并论的。

（2）生产成本的劣势。由于新能源汽车厂商在前期投入了巨额资金进行新技术的研发，并且生产线还不成熟，目前处在小批量的生产阶段，因此，与传统汽车相比，其生产成本要高出 30% 以上。

（3）基础服务设施的劣势。新能源汽车的发展需要完善的基础服务设施来支撑，而要扩大充电网络的覆盖面，需要建设新的充电站或充电桩，这必然需要大量的资金投入，而对于还处在小规模生产阶段的新能源汽车来说，目前还无法支撑起快速建设的基础设施。

（4）观念方面的劣势。在我国汽车消费者的群体中，大部分消费者购买的是家庭第一辆车，其目标定位比较高，而且存在跟风现象。国内消费者还无法完全接受作为新生事物的新能源汽车，因此新能源汽车的消费市场拓展相对缓慢。

（5）资源整合方面的劣势。我国的新能源汽车产业起步相对较晚，而且各大生产企业各自为政，企业之间没有进行很好的协调，无法发挥资源整合的优势，汽车行业协会和中介机构也发挥不出应有的作用。如何将新能源汽车的资源和要素进行有效的整合，充分发挥市场的资源配置作用，是摆在我国新能源汽车产业化发展面前的一个重要问题。

第三节　新能源汽车产业链构建的策略分析

一、新能源汽车产业链的架构

本书构建的新能源汽车产业链主要是指与新能源汽车直接相关的产业链环节，即在传统汽车产业链的基础上，围绕电池、电机、电控、变速箱等组件，并逐步延伸至上游的锂、稀土等资源领域以及下游的配套设施、销售和租赁服务等。新能源汽车产业链的上、中、下游分别为：

上游：电机及电池的原材料行业。包含电池的正极材料、负极材料、隔膜、电解液等，电机的稀土、硅钢材料等。

中游：新能源汽车整车产品及其主要零部件（动力电池及其管理系统，电机及其控制系统，变速器、电控系统等）。

下游：充电站、充电站配套设施，新能源汽车的销售，整车或租赁服务等。

（一）新能源汽车产业链的上游

1. 锂离子电池材料

锂离子电池主要包含正极材料、负极材料、电解液、隔膜四个部分以及超薄铜箔和铝箔等辅助材料。其中正极材料、电解液和隔膜是最核心的三种材料，直接决定电池安全性能、容量，占锂离子动力电池成本的70%以上。在锂电池成本构成中，正极材料约占33%、隔膜约占25%、电解液约占15%、负级材料约占10%。

（1）正极材料

正极材料市场容量大，附加值高，毛利率为15%～70%。目前常用的锂电池正极材料主要有5种，即镍酸锂、锰酸锂、钴酸锂、三元材料（镍钴锰酸锂）、磷酸铁锂。

（2）负极材料

负极材料主要以石墨、石墨化纤材料等为主，其生产技术壁垒较低，上下游稳定的供应关系是行业竞争的关键，竞争格局相对稳定，我国已有不少企业从事锂电池负极材料生产。

（3）电解液

电解液主要是在电池正负极之间起到传导电子的作用，一般由高纯度有机溶剂、电解质锂盐（六氟磷酸锂）等原材料按一定比例配制而成，电解液占锂电池成本的15%左右，毛利率约为40%。目前我国电解液的供需状况基本持平，但随着新能源汽车的快速发展，对电解液的需求将会逐年增加。

（4）隔膜

隔膜对锂离子电池的安全性能有极大影响，它的主要作用是隔离正负极，并且在禁止电子穿过的同时让离子自由通过，确保锂离子能够在正负极之间进行快速传输，以便完成充放电过程。隔膜的质量状况对电池的寿命和稳定性能有着直接的影响。隔膜在锂离子电池的成本构成中占有约 25% 的比例，但却是锂离子电池中利润最大的原材料。

2. 永磁同步电机材料

永磁同步电机材料主要包括永磁材料、硅钢材料等。

（1）永磁材料

作为第三代稀土永磁材料的钕铁硼，不仅拥有很高的磁能级和很强的矫顽力，而且性价比非常高，在汽车领域有着广泛的应用。在钕铁硼的加工生产上，我国已经形成自己的一整套产业体系。由于大部分稀土矿均产自中国，因此在永磁电机方面我国具有明显的资源优势。截至 2003 年，美国、欧洲等国家的烧结磁体已基本停止生产，我国逐渐成为世界磁性材料的产业中心。

（2）硅钢材料

硅钢是含硅量在 3% 左右、其他主要是铁的硅铁合金，是重要的软磁合金，也是产量最大的金属功能材料，主要被用来制作各种电机的铁芯，它的性能直接影响电机的效率。硅钢材料不仅生产工艺非常复杂，而且制造技术相当严格，生产企业更是把生产技术作为自己的核心利益，申请了许多专利。

（二）新能源汽车产业链的中游

1. 整车

新能源汽车的整车分为乘用车和商用车两大类，一般由电机、电池、变速器、底盘、汽车电子等一系列零部件产品和系统总成构成。为了降低整车单独设计的工作量和成本，目前国内新能源整车产品主要来自对传统汽车的改装。在新能源汽车四大关键技术中，电控技术大部分是由整车生产企业负责。

2. 电池

电池是新能源汽车产业链中最关键的环节之一，目前动力电池主要有铅酸蓄电池、镍氢电池和锂离子电池三种。

铅酸蓄电池虽然是目前应用最广泛、技术最成熟、唯一大批量生产和应用的动力电池，但其能量密度低、使用寿命短、充电时间长、污染环境等缺点决定了它不可能大规模用作新能源汽车动力电池，其使用范围目前主要局限于动力性能要求较低的叉车、电动自行车以及少部分电动客车等。

镍氢电池目前技术上已经比较成熟，也是当前混合动力车的普遍配置，但这类电池自放电率高、低温性能差、能量密度和使用寿命也不尽如人意，且技术提升的空间有限，所以目前已无法满足插电式混合动力汽车以及纯电动汽车的电池动力需求。

锂离子电池将成为未来5年动力电池的主流产品，其主要原因如下：相对其他电池而言，锂离子电池具有比较小的质量、比较小的体积、比较长的循环寿命、比较低的自放电率、比较高的比能量和比功率、没有记忆性、对温度的要求不高等优点，更符合未来新能源汽车发展的要求，而且锂电池的技术还存在很大的提升空间，因此从中长期来看，在动力电池市场，锂电池将逐步实现对镍氢电池的取代。

3. 电机

在未来新能源汽车的发展中，电机作为其动力转化装置，将逐步取代传统内燃机，成为新型汽车的心脏。车用驱动电机主要可以分为直流电机、开关磁阻电机、交流异步电机和永磁同步电机四种。

直流电机因其可靠性和效率等问题，不适合作为驱动电机使用，目前只应用于性能要求较低的场合，与铅酸电池配合使用。相比交流电机，开关磁阻电机的控制相对简单，所以一直有厂商试图在新能源汽车上使用开关磁阻电机，但因其转矩脉动大等缺点，这种电机目前的应用也比较少。

交流异步电机和永磁同步电机是当今新能源汽车的主流驱动电机，在乘用车领域永磁同步电机以其功率密度高、效率高的特点占领了市场。在商用车领域，考虑商用车空间相对较大，交流异步电机可靠性比较高，仍有大量厂商采用交流异步电机的技术路线，所以目前的商用车产品仍为交流异步电机与永磁同步电机共存的局面。

4. 变速器

变速器作为新能源汽车传动系统的重要部件，其挡位和传动比的变化直接影响车辆的动力性、经济性、舒适性和排放性能。目前，国外汽车工业发达国家新能源汽车所采用的变速机构可分为以下几种类型：行星齿轮机构、传统的机械手动/自动变速器（AMT/MT）、液力机械自动变速器（CAT）、双离合器变速器（DCT）和无级变速器（CVT）。

从国外市场情况来看，成熟的混合动力轿车产品的动力传动系统较多采用行星变速机构与电动机构成的无级自动变速器或采用机械无级自动变速器。预计这两种自动变速机构将继续在混合动力轿车上占有相当的比重；同时，DCT以其结构紧凑、传动效率高、省油等特点将在混合动力轿车领域有很好的应用前景。

在国外混合动力卡车和客车领域，AT和AMT各占有一席之地。AMT与AT相比具有传动效率高、省油和价格便宜等优点，虽然换挡平顺性不如AT，但在对燃油经济性要求较高的混合动力客车和卡车上采用AMT是较为理想的选择。

此外，小型纯电动汽车通常采用两挡或三挡变速器，通过电机反转实现车辆倒退，不设倒挡机构。

（三）新能源汽车产业链的下游

下游环境主要指与新能源汽车配套的基础设施建设和服务，基础设施建设主要指充电站（桩）和电池更换站，服务指整车或电池租赁和其他配套服务。

1. 充电站

小型新能源汽车可利用民用电充电，慢充时的电功率只相当于一台家用空调，粗略估计每日低谷电可供上千万辆新能源汽车充电，可以有效地提高电网使用效率，减少因增加高峰时的供电量而追加的投资。中型及以上新能源汽车，续航里程长，速度要求高，需要大型充电设施。一个充电站的建造成本高达数百万元乃至千万元，充电时间需要几个小时。电池更换站可以用新电池更换电量耗尽的电池、对电池进行冷却和为库存电池充电，此外还管理复杂的物流，以确保每辆电动车辆在到达更换站时都能获得充满电的电池。

2. 配套服务

整车或电池租赁是新能源汽车配套服务中的新兴产业。消费者在购买纯电动车时，出于降低消费者购买成本的考虑，前期只需向厂家缴纳一定数额的押金，以后每月向厂家支付一定的租金就可以了。租赁模式是由厂家来承担新能源汽车的较高成本，最大限度地降低消费者购买和使用新能源汽车的高成本风险，从而降低新能源汽车的使用"门槛"。对于汽车厂家来说，可以通过消费者的租赁使用获得第一手反馈信息，发现产品需要改进的地方。对于普通消费者来说，能够更容易地接触并使用新能源汽车，体会新能源汽车带来的全新低碳生活。

二、新能源汽车产业链的构建策略

（一）新能源汽车产业链上游的构建策略

1. 建立统一的新能源汽车标准体系

为了规范新能源汽车产品市场有序发展，确保产品的质量，要尽快建立健全国家统一的标准体系。新能源汽车的各种标准体系包括检测标准、技术标准与认证程序等，要贯彻于新能源汽车的研发和生产的各个阶段，坚决杜绝上一个阶段的不合格产品进入下一个阶段，以确保进入市场的最终产品——新能源汽车的质量，避免由于产品质量问题而引发严重后果。同时还要及时统一与新能源汽车息息相关的基础配套设施的技术标准，避免由于标准不统一而造成资源配置和基础设施重复建设的浪费，确保新能源汽车的普及与广范应用。

现阶段，新能源汽车行业的技术标准尚未完全统一，在努力提高自身各项技术水平的条件下，形成一套适合我国自身实际的新能源汽车标准体系，对我国新能源汽车企业在与国外汽车企业进行激烈竞争时占有主动和优势地位有着重大意义。

2. 突破原材料关键技术的瓶颈

产业链上游原材料的研发对中游零部件的制造起着重要的作用。针对原材料中的关键技术，如锂离子电池中的隔膜的强度、厚度等技术，电机中磁性产品的氢化破碎和铸带技术，硅钢材料的生产技术和工艺技术等，这些技术在电池、电机等新能源汽车核心部件中占有其极重要的地位，因此，突破原材料关键技术的瓶颈对于新能源汽车产业链的构建起着重要的作用。

（二）新能源汽车产业链中游的构建策略

1. 建立企业间的战略联盟

近年来，随着我国对节能产品和新能源汽车的重视，各大汽车生产企业纷纷扩大规模，加强对新能源汽车的研发和生产。在当前国家各种政策的激励下，各汽车生产企业通过各种方式争取资源涉足新能源汽车产业，结果导致新能源汽车市场异常繁荣。

由于新能源汽车的研发和生产不是一两个生产企业找一部分人、投资一部分钱就能完成的，其中涉及技术、零部件、配套设施等问题。面对当前的形式，处于产业链中游的整车生产企业之间只有通过互相合作、强强联合、优势互补，形成企业联盟的形式才能避免汽车生产企业各自为政、无序竞争的局面，才有可能在与国外汽车生产巨头的竞争中有所作为。企业联盟的建立也有利于新能源汽车产品标准的统一和相关规章制度的制定，为新能源汽车大范围的示范运行打好基础。

2. 多种动力模式协调发展

新能源汽车种类很多，我们不应当只发展其中一种动力技术，因为这个技术的推进一旦失败，还需要选择另外一种技术从头再来；我们也不应当发展所有的动力技术，过于繁杂没有重点的选择最终只会一无是处。因此，我国应根据自己的实际情况，选择其中的一个或两个动力技术作为新能源汽车的重点，并结合自己的实际情况兼顾其他几项动力技术，只有这样重点分明、次序有先后的协调发展战略才能早日实现我国汽车工业的跨越式发展。

（三）新能源汽车产业链下游的构建策略

1. 完善新能源汽车服务网络和基础设施

纯电动汽车、燃料电池汽车等新能源汽车的普及推广离不开充电网络、加氢站的建设及拥有新能源汽车维修能力的完善售后体系。而基础设施及服务网络建设投入巨大，依靠某几个企业是无法完成的。只有国家从战略角度出发，通过政策引导、规划，逐步实现充电及服务网络覆盖；也只有服务网络及基础设置完善后，新能源汽车才能走入私人消费范围。

2. 完善电池的回收利用

在注重新能源汽车技术的能源替代、节约的效果的同时，要更加注重环保方面的特性，将节能与环保置于同等重要的位置。除关注车辆使用过程中可能产生的安全问题和环境问题外，也要注意能源供给、车辆生产过程中和车辆报废回收后可能出现的新问题。例如，在规划中一定要落实废旧动力电池回收、处理、再生利用中涉及的重金属污染等问题，使新能源汽车更好地服务于社会、造福于人民。

3. 培养和引进新能源汽车的研发人才和售后维修技术人才

优秀的技术人才是加速新能源汽车产业发展的推动者。虽然我国新能源汽车产业拥有一定的人才智力基础，但由于我国的新能源汽车产业快速发展时期，对人才的需求量逐年递增，因此，现有的技术人才储备短缺，而且存在人才结构不合理、综合能力偏低的问题。针对以上问题，我国要想加速新能源汽车产业的发展，占领产业发展的制高点，必须积极实施人才战略，把加快培养和引进高素质的人才队伍作为发展新能源汽车产业的重中之重。

（1）激励现有的人才，充分挖掘现有人才的潜力。一是政府及相关部门要制定尊重人才、保护人才、激励人才的积极政策，对在核心关键技术上或产业发展上做出过突出贡献的人才给予特殊津贴，充分调动新能源汽车人才施展才华的积极性。二是新能源汽车企业要根据现有技术人才队伍的状况，制定与技术人才紧密联系的人才发展规划，通过对科研经费增加投入、更新技术试验设备、搭建完善的研发平台等措施，开展核心技术的攻关，充分发挥科研人员的潜能，促进汽车产品的升级换代，争取占据新能源汽车产业发展的制高点。三是社会各阶层要通过不断完善人才成长环境、科学培养人才等各种措施，努力创造一个让技术人才能够实现自我价值，并得到广泛社会认可的良好社会氛围。

（2）引进行业高端人才，夯实发展基础。根据我国新能源汽车产业发展的实际需要，重点在电池、电机、电控和整车研发等方面制订专门的高端人才引进计划。加强企业与大型人才市场的合作，创建高层次的人才供求信息合作平台，通过各种优惠政策吸纳行业高端人才，以满足新能源汽车产业快速发展对高科技人才的需要。

（3）增加人才培养投入，努力提高行业人员素质。一是政府要加大对人才培养的投入力度，加大对新能源汽车及相关专业的支持力度，鼓励新能源汽车企业与高校签订对口的人才供需合同。挑选一批与新能源汽车产业相关的骨干优秀教师，派遣至发达国家新能源汽车领域知名大学和企业进行培训，学习新能源汽车最新技术领域的发展现状，并通过他们加大对汽车行业从业人员进行新知识和新技能的培训。二是汽车生产企业要重视对技术人才的培养。企业要积极地通过增加经费投入，扩大培训范围，并经常性地开展培训，不断提升管理人员的经验水平和技术人员的专业素质，把培养人才作为企业可持续发展的重要方面来抓，不断提高人才的综合素质和水平。

三、新能源汽车产业链的保障措施

（一）明确新能源汽车发展的国家战略和技术路线

近年来，世界各国的经济处于复苏阶段，而世界各主要汽车生产大国也将发展新能源汽车作为新的经济增长点，这样一来，不仅能够保持着世界汽车先进技术的主导地位，而且还能够创造更多的就业机会，进而促进本国经济的发展。虽然我国的经济一直保持着高速增长，但新能源汽车作为未来汽车的发展方向，我国在对传统内燃机汽车进行改善升级的同时，更要借着这次机遇大力发展新能源汽车产业，实事求是，着眼未来，用长远的目光来制定切合我国自身实际的新能源汽车发展战略。除此之外，还要建立政府引导、企业参与、科研机构提供智力支持的合作机制，提高公众的环保和节能意识，充分调动社会公众参与到新能源汽车产业发展中。我国在制定新能源汽车产业发展战略时，还应制定相应的技术发展路线，应明确各阶段的目标和任务，建立健全的监督和评价机制，在充分发挥好现有资源和各种政策手段的同时，切实调动各方的积极性，争取早日实现我国新能源汽车的产业化发展。

（二）建立财税金融激励政策体系

国外新能源汽车产业发展的经验表明，通过财税金融政策等手段刺激新能源汽车产业的国家，其新能源汽车产业的发展要大大快于没有配套政策激励的国家。我国可以通过各种手段促进新能源汽车市场的形成，加速我国新能源汽车产业的发展。

财政政策方面，不仅应给予购买新能源汽车的消费者进行财政补贴，对于新能源汽车生产企业也应该给予一定的贷款优惠，并且要加大政府更换公务用车时对新能源汽车的强制性采购，形成一定的示范拉动效应。

税收政策方面，对于进口的新能源汽车，尤其是含有核心技术的零部件，均应给予一定的税费优惠，尽可能降低企业的各项费用成本；对新能源汽车的生产企业也要适当减免一定的税费；对新能源汽车的购买者，也要按其所购车辆的节能标准给予一定的车船税优惠。

金融政策方面，鼓励新能源汽车企业通过各种方式从市场直接融资。企业既可以通过上市、发行债券，或通过从银行贷款、自有资金的积累等多种方式来实现投资主体的多样化；也可以通过企业联盟建立的新能源汽车产业发展基金来为新能源汽车产业的发展提供必要的资金支持。

（三）多举措加强对消费者的宣传和教育

我国新能源汽车的发展起步相对较晚，国内消费者对新能源汽车的状况及技术水平认识有限，政府应当采取各种措施积极加强对消费者进行新能源汽车相关知识的宣传和教育，尤其应加强对青少年群体关于新能源汽车知识的宣传，拓展未来新能源汽车的用户群。在这一方面，日本的做法可供借鉴。日本启动了"燃料电池汽车启发推进事业"，在各种公共场所对新能源汽车进行展示，介绍新能源汽车在使用成本和节能环保方面的优点，而且向公众提供免费试乘试驾，极大地促进了新能源汽车的推广。我国可以根据自己的实际情况，组建新能源汽车行业协会和非政府组织，开展新能源汽车技术展览会和试点示范城市，组织编写新能源汽车科普知识系列教材，举办新能源汽车技术专题辩论赛或相关知识竞赛，建设与新能源汽车相关的主题教育网站等。

新能源汽车产业链的构建不是一蹴而就的，需要在前进的道路上不断完善和升级，从 2011 年 10 月召开的"2011 中国汽车产业发展国际论坛""2011 全球汽车论坛"，再到最新的节能产品惠民工程，人们对如何发展新能源汽车产业和节约能源愈加关注。尽管道路曲折，但说明新能源汽车是时代发展的必然产物，问题出现自然会有解决办法，相信新能源汽车企业的积极努力加上我国政府的大力支持，不久的将来一定会迎来新能源汽车的"春天"。

第四章　新能源汽车产业风险形成机理及风险识别与评价研究框架

本章首先对新能源汽车产业的特征进行介绍，新能源汽车产业具有技术密集性、资金密集性、战略性、高风险性、高竞争性、低碳环保性等特征，结合风险、风险管理、产业风险相关概念，界定了新能源汽车产业风险的含义。在前述分析基础之上，分别从内生性和外生性两个方面分析新能源汽车产业风险产生的机理。在探究我国新能源汽车产业所呈现的风险的特点，分析新能源汽车产业风险识别与评价的难点，并在总结现有识别与评价方法局限性的基础上，通过借鉴以往学者研究成果，给出我国新能源汽车产业风险评价的目标，从而界定研究问题的范围，并总结出我国新能源汽车产业风险分析与评价应采用的方法特征，构建了我国新能源汽车产业风险识别与评价研究框架。

第一节　新能源汽车产业的特征及风险含义的界定

一、新能源汽车产业的特征

（一）技术密集性

新能源汽车属于新兴产业，其中最重要的特征是采用了新兴技术。从一定意义上来讲，新能源汽车是传统汽车的升级换代，但在很多方面都有待创新，不是简单地替代过去，而是技术的创新和跨越。发展汽车产业需要具有庞大的、高精尖的技术系统作为支撑，新能源汽车除了包含传统能源汽车的技术系统，在控制系统、电池技术、整车系统上还有许多全新的内容。例如，在控制系统方面，需要开发全新的电控单元，用以控制发动机与电动机或其他动力系统的输出功率比例，设计与新能源汽车系统相适应的控制策略，以实现最佳的燃油经济性、最低的污染物排放量、最好的驱动性能和最低的系统成本这四大目标；在电池技术方面，包含安全性、能量密度、功率密度、使用寿命、充电时间等很多需要攻关的技术指标。此外，由于新能源汽车能量或燃料加注方式发生了颠覆性变化，需要攻关诸多满足新型能源储运、站场布局、降低加注时间等关键技术。同时，完善新能源汽车技术系统还需要依赖很多外围技术的持续创新，如材料提纯、新型材料开发、输配电技术等的持续创新。

（二）资金密集性

与传统汽车相比，新能源汽车的研发尚处在试验探索阶段，要实现产业化，需要后期开展一系列的技术攻关、基础设施建设以及进行示范推广等工作，这些都需要大量的资金作为保证。由于与传统汽车原理上的巨大差异，整车制造一般也需要建立全新的平台，新能源汽车项目仅前期投入往往就需要几十亿元的资金规模，而且不像传统汽车，新能源汽车的商业模式和运维体系全部需要重新建立，如充电设施建设、维护站场建设均需要大量的资金投入。此外，由于新能源汽车产业市场正处于培育阶段，营利能力较低，需要通过对新能源汽车市场的补贴来进行推广普及，这也需要政府或车企投入巨额的资金。

（三）战略性

坚定的国家意志和稳定的政府支持是新兴产业发展的有力保障。新能源汽车产业属于战略性新兴产业，对于带动经济社会发展、提升国家竞争实力具有重大意义。主要国家都将新兴产业的发展明确为国家战略，从实际经济结构转型、塑造未来竞争优势的高度进行超前布局与支持，充分体现了国家意志，发展新能源汽车产业是我国从汽车大国迈向汽车强国的必由之路。

在国家对环境和形势作出一系列正确判断的基础上，确定若干产业为重点扶持和发展的产业，并提到了战略的高度。新能源汽车产业将被逐渐培育为国家或区域经济中起主导作用的产业之一。

（四）高风险性

由于新能源汽车产业发展处于萌芽和起步阶段，在技术、市场、产业安全、政策等方面具有高度的不确定性。

由于产业处于科学技术发展前沿，从技术原理的构思到技术开发的组织实施过程中，有些相关技术可能尚未发展成熟，技术开发存在难以预料的不确定性；产业的产品市场可变因素多，在市场接受能力、市场接受时间、新产品的市场容量、产品的竞争能力、市场配套体系上都存在不确定性因素，这必然会给新能源汽车产业带来较大的市场风险；由于面临国际竞争和各类如技术、贸易等壁垒，并且由于自身成长缓慢引致产业竞争力不强或产业控制力弱，都会面临重大的产业安全问题；因政府法律、法规、政策、管理体制、规划的变动、税率、利率变化或行业专项整治、双边或多边贸易摩擦、经济周期因素等造成的影响，都会给产业带来不确定性。

（五）高竞争性

包括新能源汽车产业在内，我国目前所确立的七大战略性新兴产业虽然与其他国家或地区所确立的未来将要重点发展的产业提法不同，但在经济全球化背景下，基于人类共同利益和未来发展趋势的判断，各国在这些产业的选择上具有高度的相似性。这种相似性一方面为合作提供了基础，另一方面则意味着高度的竞争。各国都会尽全力发挥自身的资源、技术优势或后发优势，并利用国际规则发展自己的新能源汽车产业，争取在竞争中占据主动。这就意味着，新能源汽车必然是一个高竞争性的产业。

（六）低碳环保性

插电式混合动力汽车既可以外部充电，也可以用纯电模式行驶，电池电量耗尽后再以混合动力模式（以内燃机为主）行驶，并适时向电池充电。由于采用了两种模式，并根据工况适时转换，实现了大幅节油的目的，减少有害气体的排放，而纯电动汽车和燃料电池汽车则基本实现了零排放。环保、低碳、绿色是全人类共同努力奋斗的目标，客观上要求全球汽车业发生根本性的变化，新能源汽车带来的新的汽车文明将成为生态文明的重要组成部分。

发展新能源汽车的目的就是应对日益凸显的能源短缺和环境污染问题。随着汽车数量的不断增加，汽车对石油的消耗量和比重越来越大，如果不改变汽车能源消费结构，石油能源危机将愈演愈烈，而且石油资源本身为不可再生资源，也面临即将枯竭的问题。与此同时，传统能源汽车对环境造成的污染也越来越严重，节能减排成为世界普遍关注的问题。所以发展新能源汽车成为世界各国汽车工业发展的新能方向，是解决能源与环境问题的重要途径。

新能源汽车产业与传统汽车产业的区别见表 4-1。

表 4-1 新能源汽车产业与传统汽车产业的区别

对比项目	新能源汽车产业	传统汽车产业
技术特点	采用全新的能源、驱动和控制技术，采用的是新兴技术	传统燃料和驱动技术，并在此前提做技术的改进与创新
发展阶段	处于产业生命周期前段	处于成长期或成熟期
战略地位	国家确立为战略性新兴产业之一，并努力打造为先导产业和未来支柱产业	是新能源汽车产业发展的基础，需按新能源汽车产业发展要求做出调整

续　表

对比项目	新能源汽车产业	传统汽车产业
风险特点	产业处于萌芽期，时刻处于变化中，影响因素间的关系更为复杂，受偶然因素的影响更大，利益相关者的预期与决策对产业的发展有更大的影响，具有更大的不确定性	产业发展已经相对成熟，影响因素及关系便于测量、分析，受偶然因素影响小，不确定性较小
研究方法	由于数据缺乏，无法运用传统的预测方法，宜于采用未来分析的方法和利益相关者分析相结合的方法	有丰富的历史材料和数据，通过趋势外延、类比、回归等预测、了解未来，未来具有可预测性

二、新能源汽车产业风险含义的界定

（一）不确定性

美国行政学家戴维·H. 罗森布鲁姆（David H. Rosenbloom）和英国项目管理联合会等群体认为，风险是与费用、损失或损害相关的不确定性。

（二）客观体现的不确定性

威廉·夏普（William F. Sharpe）认为，在给定情况和特定时间内，对于可能发生的结果间的差异，若有多种可能结果，则有风险，且差异越大，风险越大。这一观点强调了风险的客观存在。

（三）可测定的不确定性

美国经济学家弗兰克·奈特（Frank Hyneman Knight）在威雷特有关风险理论的基础之上进一步对风险与不确定性进行了明确的区分，指出一个事件的状态概率如果可以测定，则视其为风险事件。

耶茨（Yates）和斯通（Stone）于 1992 年提出风险的三因素模型，三因素分别为潜在的损失、损失的大小、潜在损失发生的不确定性。这从本质上反映了风险的基本内涵，为现代风险理论的形成设立了基本框架。

1964 年，威廉·夏普把人的主观因素引入风险分析之中，认为风险虽然是客观的，对同一环境中的任何人都是以同样的程度存在，但不确定性的程度则是风险分析者的主观判断，不同的人对同一风险的认识可能不同。

风险管理是社会组织或者个人用以降低风险的消极结果的决策过程，通过风险识别、风险估测、风险评价，并在此基础上选择与优化组合各种风险管理技术，对风险实施有效控制和妥善处理风险所致损失的后果，从而以最小的成本收获最大的安全保障。风险管理含义的具体内容包括：风险管理的对象是风险；风险管理的主体可以是任何组织和个人，包括个人、家庭、组织（营利性组织和非营利性组织）；风险管理的过程包括风险识别、风险估测、风险评价、选择风险管理技术和评估风险管理效果等；风险管理的基本目标是以最小的成本获得最大的安全保障。

虽然"产业风险"一词在现实的经济活动中使用率很频繁，但很少有对其进行概念界定的文献。

张立认为产业风险是指在开放条件下，一国产业由于政策、环境等外在条件的变化，以及国外产业冲击，而导致该国产业的发展受到阻碍或失去控制。

周新生认为产业风险是指从事某一行业的损失的不确定性。

根据挪威研究委员会对产业风险内涵的诠释，所谓产业风险是指对于产品设计、生产、销售以及外在环境的不确定。

余佳认为产业风险是指在全球化市场竞争环境中，产业发展由于受技术、市场、政策等因素影响遭受损失、伤害、不利或毁灭的可能性。

关于新能源汽车产业风险，目前并没有明确的定义，从现有的文献来看，一般都是从风险的类型、表现或特征描述风险。本书认为，由于产业是社会分工的产物，产业的成长或发展是人类有意识改造世界的活动，是人与自然有机的交互过程，产业既具有自然属性，也具有社会属性，所以在定义新能源汽车产业风险时，也要兼具产业的自然属性和社会属性。

综合相关文献，本书对新能源汽车产业风险定义如下：一国或一个地区在开始发展新能源汽车产业时，在众多利益相关者的参与下，产业由于基础条件、自身能力的限制，在受到来自各种风险源的影响及其关键风险要素的作用下，导致产业发展缓慢、发展停滞或产业走向衰退的不确定性。

第二节　新能源汽车产业风险形成机理

现有文献对产业风险产生机理的研究很少，而具体对新能源汽车产业风险产生机理研究的文献寥寥无几。对产业集群风险产生机理相对有一些研究，如周雄飞、聂振飞、黄河等。程蓉和张剑光介绍了汽车产业集群风险的形成机理，从内生性和外生性对汽车产业集群的风险进行了分类。梁展凡和袁泽沛从复杂系统理论视角出发，在介绍项目群的概念、要素和类型基础上，解释了项目群互动的演化机理和互动结构关系，分析研究项目群管理中存在的互动风险问题。

按照风险产生的范围，可以将新能源汽车产业风险分为内生性风险和外生性风险。本书在借鉴相关文献研究成果的基础上，分别从内生性和外生性两个维度分析新能源汽车产业风险产生的机理。

一、新能源汽车产业内生性风险形成机理

内生性风险是由于新能源汽车产业风险的内因所导致的，内生性风险的大小在某种程度上体现了新能源汽车产业素质的高低。产业的素质可以从物质和组织两个层面进行分析。物质层面表现为产业的自身基础及能力，如原材料、技术、设备、工艺、人力资源等的数量和质量情况；组织层面则表现为对上述物质内容的管理与组织情况，与相对处于稳态的社会因素如政治、经济、文化等直接相关，这些因素已经内化为产业的一种精神特质，深刻地影响了产业的发展和产业抵御风险的能力。

当自身发展能力不足或存在某种管理上的缺陷就会产生风险。相对外生性风险，内生性风险更易把握与控制，可预见性更强，因果关系相对清晰。

内生性风险包括基础性、结构性和网络性三类。

（一）基础性风险及形成机理

一个产业的发展，归根结底是与一个国家或地区的产业基础直接相关的。而产业基础与产业发展的先天因素和现实因素密切相关。所以，新能源汽车产业基础性风险可以理解为：由于新能源汽车产业发展的基础状况差异所导致的风险。当有良好的产业基础时，则产业抵御风险的能力就强；反之，产业抵御风险的能力就弱。

先天因素是与先天禀赋直接相关的因素，体现了产业可能的先天素质和成长潜能。如一国的资源禀赋、基础研究状况、整体技术水平、技术储备状况、人力资源水平、管理水平、市场容量、文化发展、经济水平和国际关系状况等。该类因素的特点是较为稳定，随时间的变化较为缓慢，变化的路径也易于把握。如果一国或地区发展新能源汽车产业的先天因素存在不足，则对产业现实能力的支撑就可能不足，进而容易形成基础性风险。现实能力即由先天因素决定的并与发展新能源汽车产业直接相关的一系列能力构成，这种能力与传统汽车产业发展状况直接相关，如汽车产业的创新能力、人才状况、管理能力、营销能力、生产能力等。现实能力一方面受产业先天因素的决定，同时与自身的发展有更为直接的关系。例如，即使先天因素相近的国家，由于发展汽车产业的先后不同，现实能力必然也会有差异。如果现实能力较弱，则导致风险的可能性也较大。

（二）结构性风险及形成机理

新能源汽车产业结构性风险可以理解为：在静态情况下观察产业时，产业的不同规模企业构成情况、产业链结构、原材料、人力资源等构成结构因素可能导致的风险。

如产业存在垄断，就可能会影响创新的积极性；从另一方面分析，如果产业没有核心企业，或市场集中度低，则有可能会造成资源过于分散，不利于产业竞争力的培育；如果由于原材料的限制，使产业锁定在某种资源或产业链依据这种资源而构建，产品品种单一。一旦面临替代风险时，整个产业链都会面临被替代的风险。在产业的布局上，新能源汽车产业本应根据各区域产业发展基础、市场分布特点、贸易便利性等因素，会有一个合理的产业布局，但现实中却可能出现产业同构化和碎片化现象。例如，本应结合当地实际情况慎重选择是否将新能源汽车产业作为发展重点，但在实际操作中，许多地方政府由于担心失去发展机会，在没有经过充分论证的情况下，仅仅凭借主观感觉就作出选择，结果一哄而上，形成了各地新能源汽车产业同构化和碎片化发展的现象，而且为了维护地区间竞争的地位，极易造成地方保护主义倾向。

（三）网络性风险及形成机理

瑞典的哈堪森和斯涅何塔提出了影响网络组织结构基本变量和网络构成关系，在这一模式中，主要从网络间主体关系、主体间交互活动以及主体间资源依赖三个角度分析风险产生的原因。新能源汽车产业网络性风险可以理解为在由主体、资源、行为所构成的网络中，因产业处于发展初期，资本、技术、信息、人才和物资资源的缺乏，在主体—资源—交互过程中，造成了信息不对称、对未来预期的不确定性等问题，同时，在相关主体的博弈过程中，会出现不正当竞争，对政策的过度依赖，以及不完全契约、道德风险、机会主义和偷懒行为等给产业带来的危害。在新能源汽车产业中，主体、资源和行为主要内容如下。

主体：消费者、整车厂商、配套厂商、科研机构、政府、运维商。

资源：基础资源、信息资源、政策资源。

行为：预期、买卖、竞争、合作、规制、研发。

新能源汽车产业行为主体所占用资源及具体行为见表4-2，新能源汽车产业行为主体间的交互关系见表4-3。

表4-2　新能源汽车产业行为主体所占用资源及具体行为

行为主体名称	行为主体具体内容	占用资源	具体行为
消费者	既包括正在使用新能源汽车的消费者，也包括潜在消费者	信息资源、政策资源	购买决策、争取政策支持、交流信息、信息反馈
整车厂商	各类新能源汽车厂商	基础资源（资本、专用技术、人力、原材料及传统汽车所用资源）、信息资源、政策资源	开展研发、整车制造、汽车销售、争取政策支持、与其他厂商竞争，根据预期进行决策

续　表

行为主体名称	行为主体具体内容	占用资源	具体行为
配套厂商	电池、驱动电机、动力管控单元开发、传统零部件厂商等	能源材料（氢气、醇、汽油等）、专用材料（铂、锂、镍、稀土等）、信息资源（含技术专利等）、政策资源	开展研发、配套产品销售、争取政策支持、与其他主体开展合作、与其他厂商竞争，根据预期进行决策
科研机构	研究院、咨询机构、高校等	信息资源、政策资源	开展研发、售卖技术、信息收集、信息加工、信息咨询、争取政策支持、与其他主体开展合作，根据预期进行决策
政府	中央及不同地域政府，各类部门	政策资源	制定行业准入规则、制定产业鼓励政策（补贴、税收等）、地方保护、相关规制，根据预期进行决策
运维商	充电服务商或电池运营商、维修服务商、电力企业等	土地、信息资源、基础资源、政策资源	充电服务、与电池厂商或整车厂商开展合作、汽车售后服务、争取政策支持、根据预期进行决策

表 4-3　新能源汽车产业行为主体间的交互关系

消费者	消费者2	汽车厂商2	配套厂商2	科研机构2	政府2	运维商2
消费者1	信息关系	买卖关系	买卖关系	信息关系	政策规制	买卖关系
汽车厂商1	买卖关系	竞争关系	合作关系	合作关系	政策规制	合作关系
配套厂商1	买卖关系	合作关系	竞争关系	合作关系	政策规制	合作关系
科研机构1	信息关系	合作关系	合作关系	竞合关系	政策规制	合作关系
政府1	政策规制	政策规制	政策规制	政策规制	协作竞争	政策规制
运维商1	买卖关系	合作关系	合作关系	合作关系	政策规制	竞争关系

　　由于受政策、技术条件或资源条件限制，使新能源汽车产业内部的企业锁定在某一种资源和某一种行为，从而缺乏创新，造成产品同质化倾向；或者众多企业选择了相近的技术解决方案，造成了新能源汽车产品技术水平不高。资源的锁定和产品同质化会导致不正当竞争；由于政府相关产业扶持政策所规定的新能源汽车准入规则和补贴规则，一些企业为了套取政策利益，自身不愿意投入资源进行自主创新；一些机会

主义者追求短期效益的行为可能会给产业造成伤害。而且不同地方政府出于自身利益考虑，会造成新能源汽车市场条块分割、资源过度分散，以及资源不能有序流动，对产业发展带来巨大的伤害。

同时，在主体间的交互活动中，各个主体通过综合与整理有关信息，逐渐形成了对新能源汽车产业的认知，如消费者对新能源汽车安全性的认知、全寿命成本的认知、使用便利性的认知。当产业处于起步阶段时，主体更会主动地去建立一种对产业未来发展的预期，尤其是关注政府进一步的政策，从而根据预期进行下一步的决策，如是否购买？是否继续投入资源？是否需要调整战略？采取观望还是跟进策略？所以，在新能源汽车产业处于萌芽期时，各行为主体的预期对产业发展具有重要的影响，而在我国，政策对人们预期的调整具有重大的作用，由此引发的风险也尤其值得关注。

如果将新能源汽车产业比作人的机体，基础可以比作人的机体的先天素质，先天素质好，则抵御风险的能力就强；结构可以比作人体机能构成要素的比例关系，要素构成合理，协调性好，则抵御风险的能力就强；网络则可比作人体机能构成要素的交互关系，交互关系中以具体的物质（如食物、空气、血液、神经信息等）作为媒介，各个系统（如消化、呼吸、循环、神经等）运转良好，相互协调则抵御风险的能力就强。

二、新能源汽车产业外生性风险形成机理

外生性风险源于产业的外部，外生性风险源于新能源汽车产业所处环境的复杂性与不确定性，如技术的突变、经济周期、外部竞争、政策或法律风险等。

外生性风险更具偶然性和不可预见性。由于环境的复杂性和人们认识能力的有限性，使得外生性风险的因果关系表现得很不明确，这些外部力量的冲击会对新能源汽车产业发展带来巨大和难以估量的不确定性。外生性风险具有影响范围广、偶然性与突发性等特点，而且外生性风险难以控制，一般只能是在提前对各种可能性预判的基础上，事先做出相应的应对预案。

环境变化本身并不能产生风险，环境因素必须通过作用于产业，对产业施加影响才可能导致风险。本书在分析外生性风险形成机理时，采用了外部因素与内部因素相互关系的视角。由于外部环境的变化，改变了产业相对处于稳定的内部环境，从而对产业带来冲击，进而导致风险。

技术突变风险是由于技术出现了跃迁或出现了全新的颠覆性技术而可能淘汰原有技术从而产生的风险。当技术沿着非线性路径演进时，技术进步则主要表现为突变的、跃迁的、非连续的过程。技术创新经济学家多西（Dosi）提出了技术范式的概念，他将技术演进划分为范式内技术演进和范式转换过程中的技术演进两个阶段，分别对应于技术演进的线性和非线性两个阶段。技术革命导致技术突破，从而诱发产业技术范

式的转变，进入技术演进的混沌区，最终形成新的技术范式。由于新能源汽车属于新兴产业，采用的新兴技术也正处于研发阶段，技术的突变导致新能源汽车产业技术系统的稳态和发展规律被打破，这就需要重新建立一种平衡，甚至是对原有技术系统的颠覆。

经济周期风险是一种突发的、不能人为控制的、由外部经济周期性波动等原因造成的风险。周期波动是世界经济发展过程中常见的现象，它表现为经济周而复始地由扩张到紧缩的不断循环运动。

外部竞争性风险是由于国外企业竞争带给本土产业的风险。由于各主要发达经济体都把新能源汽车作为重点发展的产业，尤其发达国家借助良好的汽车产业发展基础，具有很强的技术优势、成熟的市场运作经验、完善的全球战略布局，在开放经济条件下，本土产业随时会面临外部威胁。

从相互关系来看，内生性风险与外生性风险之间存在相互增强的机制，如内生性风险较大，则产业抵御外生性风险的能力也较弱，也会进一步导致外生性风险的影响也较大；而外生性风险虽然对内生性风险的影响内容、范围、持续时间等很难估量，但可以肯定的是，外生性风险一旦形成，就会打破内生因素的相对稳态，进而增大内生性风险的可能。

第三节　我国新能源汽车产业风险的特点及现有识别与评价方法的局限性

一、我国新能源汽车产业风险的特点

理解我国新能源汽车产业风险的独特之处，是科学地识别与评价我国新能源汽车产业风险的前提和基础。

（一）产业处于萌芽期具有更大的不确定性

新能源汽车产业作为新兴产业，不像传统汽车产业，未来的发展方向与状态可以通过先前的相对稳定和完全的信息进行判断、预测，至少可以确定在一个可控的范围之内。但新能源汽车产业的未来发展状态是无法确定的，而且它具有多种差异巨大的可能性。由于新能源汽车产业处于萌芽期，无论是技术的研发与组织，还是市场的培育、商业与运营模式的设计和创新，都处于试验、验证与起步阶段，具有极大的不确定性。同时，新能源汽车也是世界主要经济体借助自身优势争先发展的产业，都想借此在未来汽车产业占据主动地位，所以外部竞争异常激烈，产业安全时刻受到威胁，

而且政策的持续性、连贯性与稳定性也较差，风险较大。

（二）参与主体多且复杂

新能源汽车产业发展涉及众多的利益相关者，如汽车厂商、配套厂商、科研机构、行业协会、政策制定者、相关运营商（由不同的商业模式所决定，如充电站所有者与经营者、电池租赁公司等）、消费者等，他们对新能源汽车产业的预期以及他们所做的当下决策，对未来有着直接的影响。正如基南（Keenan）和波珀（Popper）指出，未来是无法预知的，但可以肯定的是，未来将会向不同的方向演化，演化的具体方向取决于各类利益相关者的行动和现在所做的决策。而传统汽车产业利益相关者的构成相对稳定，他们所要做的行动也易于推断。①

（三）产业发展更处于动态变化之中

无论是考察新能源汽车产业具体的某个方面还是整体，它始终处于动态变化之中，可以在某个时刻对新能源汽车作出一个判断，但这种判断的前提会马上发生变化，而且这种变化也往往超出人们的预期和判断。而传统汽车产业的变化相对而言是更易推断的，如市场未来的规模、市场的结构等都是可以根据历史数据预测的。

（四）影响因素间的关系更为复杂

一方面，我们对新能源汽车产业各个影响因素本身并不是十分了解，因为它们并不稳定；另一方面，也是更为重要的是，各影响因素间的关系始终处于复杂的动态变化之中，它们之间如何相互作用和影响很难把握。例如，产业技术上的不足可以怎样通过市场、政策相应的手段进行弥补？这种手段的强度或持续时间如何？它们会如何影响利益相关者的预期和决策？

（五）受偶然因素的影响更大

一个看似非常微小的事件，它可能会导致产业的飞速发展或急速走向衰败；或者是有些因素虽然显得不重要，但它的影响大小具有偶然性；而且某个因素的重要性也不是一成不变的，会依时间、与其他要素的变化关系而变化。如某种市场正在使用的新能源汽车出现了安全事故，可能会突然降低人们对新能源汽车产业的预期，甚至造成暂时的产业发展停滞，而传统汽车产业受运行事故的影响则相对较小。再就是新能源汽车依托于全新的技术和创新的商业与运营模式，技术的突变、相关产业（能源、电力、原料产业）等新的变化对产业发展都会产生巨大的影响，如人们发现了性能更为优良、成本更为低廉的电池原料，原来的电池厂商或充电站就会遭遇巨大的冲击，或人们很快解决了采制页岩气的关键技术和成本问题，对新能源汽车在能源上的考量则又有了新的变化。

---

① M. Keenan, R. Popper. "Comparing foresight 'style' in six world regions". *Foresight*, 2008, 10(6), pp.16–38.

（六）政策对产业的影响需格外给予关注

中国在发展新能源汽车产业时具有较为显著的政府推动色彩，新能源汽车产业化发展的直接推动力就是国家的相关扶植政策。政府强力介入新能源汽车产业成长具有市场所不能替代的优势，如政府培育产业的目的性比较明确、前瞻性强，而且不易受经济系统本身不确定性的强烈影响。但同时，因政策的干预可能带来的风险非常难以把握，这也符合政策制定过程时常是一件极为困难的事情这一现实。政策驱动力强或弱所能带来的风险大小，某种意义上要依据于它与其他驱动要素的力量对比关系。比如政策驱动力若很强，短期内可能对新能源汽车产业发展产生积极的作用，但从长期来看，如果政策没能适时调整，没能适时让位于市场，让市场充分发挥应有的作用，对产业发展往往会产生抑制作用。而且，我国所采用的政策措施往往是对市场直接的干预，无论是企业还是消费者，都非常关注政策的走向与变化，即产业的发展在很大程度上依赖于政策的选择而不是由市场决定。

此外，由于新能源汽车产业的发展主要以传统汽车产业为根基，新能源汽车产业风险的形成和演化在很大程度上和中国传统能源汽车产业发展的历史与现状有关，由于我国传统汽车产业发展晚、底子薄，虽然经历了一段时间的发展，中国成了汽车产销大国，但绝对不是汽车强国，这点也要给予特别的关注。所以，在进行我国新能源汽车产业风险识别与评价的过程中，一定要充分考虑我国传统汽车产业的发展历史和现状。

二、新能源汽车产业风险识别与评价的难点

（一）风险的识别与评价

风险识别是风险管理的第一步，也是风险管理的基础。只有在正确识别出产业所面临的风险的基础上，人们才能够主动选择适当有效的方法进行处理。

风险识别是指在风险发生之前，人们运用各种方法系统地、连续地认识所面临的各种风险以及分析风险发生的潜在原因。从形式上来看，存在于人们周围的风险是多样的，既有当前的也有潜在于未来的，既有内部的也有外部的，既有静态的也有动态的等。风险识别的任务就是要从错综复杂的环境中找出产业所面临的主要风险。

风险识别一方面可以通过感性认识和历史经验来判断，另一方面可通过对各种客观的资料和风险事故的记录来分析、归纳和整理，以及必要的专家访问，从而找出各种明显和潜在的风险及其损失规律。因为风险具有可变性，因而风险识别是一项持续性和系统性的工作，要求风险管理者密切注意原有风险的变化，并随时发现新的风险。

风险评价则是在风险识别和风险估测的基础上，对风险发生的概率、损失程度，结合其他因素进行全面考虑，评估发生风险的可能性及危害程度，参照一定的评价标

准，衡量风险的程度，为主体进一步采取相应的风险防控措施提供支持的过程。

目前，具体涉及新能源汽车产业方面的风险识别与评价研究还很少见。由于新能源是战略性新兴产业，所以可以从有关战略性新兴产业风险识别和评价的文献中获得借鉴。

牟芩瑶和张所地在对半导体照明行业的技术风险进行分类的基础上，提出半导体照明上游产业的技术风险量化模型。以蓝宝石衬底原材料为例，利用 VaR 方法评价半导体照明上游产业的原材料供应能力的技术风险，对半导体照明上游产业的风险规避具有一定的指导意义。

余佳分析了战略性新兴产业所面临的市场风险、技术风险、金融风险和政策风险，并初步构建产业风险预警机制，指出战略性新兴产业风险预警机制的过程，包括风险因素分析、风险预警指标设计、风险预警评估、风险控制和风险预警反馈机制。风险预警机制是一个动态的过程，随着产业的发展变化，要不断地对风险因素、预警指标、权重、警限等进行调整，使预警系统符合产业发展规律。调整过程可采用专家会议法或德尔菲法。

张伟和刘德志针对新兴技术投资构建了包括技术风险、市场风险、管理风险、融资风险、政府干预风险与信息及知识风险的 6 个二级指标和 24 个二级指标共同构成了新兴技术投资风险评价指标体系。这些评价指标体系对信息技术投资风险进行了定量描述和评价，试图能更有效、更全面地对各种风险进行综合评价。张立超等以我国作为战略性新兴产业的光伏发电产业为例，对产业竞争情报预警工作中的风险识别进行研究。研究中通过引入产业竞争情报理论，对影响产业风险的各类诱发因素进行系统剖析，提出产业风险来源的三维式（相关竞争产业维度、产业自身维度、国际竞争环境维度）分析框架，论述将产业竞争情报运用于产业风险识别的相关思路，并结合理论探讨我国光伏发电产业的实际案例，系统阐述其风险的主要来源以及产业竞争情报在其风险识别过程中的具体应用。

中国人民银行赣州市中心支行课题组应用模糊数学理论建立了钨产业动态监测指标体系和预警分析模型。并通过实证进行了综合判断，认为我国钨产业近年来处于中度风险偏上区间。

（二）风险识别与评价的难点

1. 数据难以获得

我国从 2009 年即将新能源汽车确立为我国七大战略性新兴产业之一，但无论从国内还是国外来看，新能源汽车产销量还非常低。例如，按照我国对新能源汽车定义的标准，2010 年美国纯电动汽车和插电式混合动力汽车的销量仅分别为 37 辆和 326 辆，而当年纯电动汽车销量最多的日本也仅为 2361 辆。而且关于新能源汽车统计制度还没有建立，相关统计年鉴或报告一般是将新能源汽车产业数据列入了战略新兴产业项目中，无法将数据分离，现有的少量统计数据口径也尚不统一。因此，在新能源汽车产业化形成阶段，短时序周期和小体量面板数据所能提供的信息比较有限，极大地影响了数据的利用价值。

2. 新能源汽车产业风险识别与评价可以借鉴的方法和经验较少

新能源汽车作为新兴产业，采用新兴技术，技术原理与传统汽车具有颠覆性的变化，商业模式都依赖持续的创新，没有现成的产业风险识别与评价经验可以借鉴，这在无形中增加了产业风险识别与评价的难度。

3. 影响因素间的复杂关系如何展现

我们在识别与评价新能源汽车产业风险时，一方面要对风险因素进行详细的分析，但单纯从分解开来的因素描述与评价产业风险显然不够；另一方面还要将各类因素作为一个整体以及因素间相互作用后可能展现的风险图景给予更大的关注。也就是说，整体不是部分的简单相加，所以在对新能源汽车产业进行风险识别与评价时，既要描述部分，又要说明整体，二者不能偏废。

4. 如何将风险的动态发展体现在识别与评价中

新能源汽车产业的一大特点就是高风险性，当对可能导致产业风险的因素从静态的视角进行考察时，识别或评价产业的风险可以预知的结果就是风险会很高，这种简单的结果对实际的风险控制或风险管理意义并不大。所以，极为重要的是考虑如何将风险的动态发展体现在识别与评价中，即努力找出那些对产业未来风险影响最大的一些因素，如果这些因素发生变化，最为可能的风险形态是怎样的。

5. 如何全面反映产业风险的程度

正如前文所述，简单的评价结果对实际的风险控制或风险管理意义并不大，这就要求经过评价获得的产业风险程度结果要能提供足够的信息量，既能反映整体的风险等级，又能说明局部风险的情况。

三、新能源汽车产业风险现有识别与评价的方法的局限性

目前，研究新能源汽车产业风险识别与评价的文献还很少，而且其中的很多还是仅针对产业的某一个方面开展研究，从产业全局的角度研究产业风险的文献更少，文献一般也是运用指标体系构建的方法对新能源汽车产业风险进行识别和评价。该方法的优点是能找出影响风险的各类要素，并将各风险要素的重要性进行区分，但这些研究较为普遍的局限性是结论单一、动态性差、时间指向性差，忽略了偶然因素的影响。

新能源汽车作为新兴产业，它的特点是处于产业发展的萌芽期，产业的各个影响因素都处于不断的动态变化中，现有识别与评价方法的一大缺点就是结论单一，它只是说明了一种特定的情况，实际新能源汽车产业未来发展会有多种可能性；而且，研究中假定各影响因素较为稳定，更多是对现状的描绘，对新能源汽车产业的动态变化并没有体现；这种评价结论的时间指向性也较差，并没有说明某种程度的风险到底是在未来的什么时间会显现，再就是忽略了偶然因素的影响。

所以，现有的研究与对一般产业的研究并没有明显的区别，用传统的分析方法来识别一个本身以高风险为显著特征的新兴产业的风险，其结果自然很明显，那就是处处是风险（各影响要素），时时有风险（时间推移），这样的分析看到了问题，但对问题的本质揭示不够，对现实的指导意义也会大为降低。而新能源汽车产业属于战略性新兴产业，不仅要关注现阶段的风险，而且要关注未来的风险，分析未来风险的状态。

第四节　我国新能源汽车产业风险识别与评价研究框架

一、我国新能源汽车产业风险识别与评价的目标

在进行风险识别和评价的开始阶段，需要首先明确风险识别与评价的目标。新能源汽车产业风险识别与评价将会影响对产业的风险控制和管理，不同的目标要求所进行风险识别与评价的侧重点也不同，具体所构建的指标评价体系包含内容也会有所不同。为了使风险评价结果更科学、更具指导意义，必须先明确风险识别与评价的目标，以此为指导方针，进行指标选取和数据分析等后续工作。

从政策的角度来看，我国新能源汽车产业风险识别与评价的目的，是通过对我国新能源汽车产业特点和所处环境的分析，借助相关方法，分析和识别影响我国新能源汽车产业发展的风险源，识别出关键的、不确定性高的、破坏性大的风险因素，构建未来风险可能的状态，通过具体的风险等级评价，在此基础上提出我国新能源汽车产业风险控制的对策与建议，为我国新能源汽车产业风险管理提供科学的方法和实现的路径，为降低我国新能源汽车产业风险、实现产业可持续发展提供科学的参考。

从直接的目的来看，本书所要进行的我国新能源汽车产业风险识别与评价，首先识别出重要的风险源，以及通过不同风险因素交互关系识别出产业风险的具体现实图景，同时，还要通过利益相关者的视角，识别出未来的重要的、不确定性高的风险要素，并由此构建未来的可能风险图景。其次通过风险评价获得关于产业风险的具体等级，以对产业的整体风险水平有一个更为精确的判断，等级可能是"高、中、低"，或者是"关键、重要、一般"，或者是具体的量化数值，由于等级的获得是基于我国新能源汽车产业发展的背景条件之下，无法与其他国家进行比较，所以，仅仅一个风

险等级无法实现上述政策层面的目标。进而，评价所获得的风险等级要想实现其真正的价值就要可回溯，在回溯过程中能够获得更为丰富的有价值信息，为指导实践服务。

二、我国新能源汽车产业风险识别与评价方法的特征分析

现有文献分析偏重于静态分析和对风险类型的描述，缺少对时间因素的考虑，缺少动态性，尤其是指标体系法，动态性差且指向不明。为克服上述问题，本书所采用的我国新能源汽车产业风险识别与评价方法将具备以下几方面特征。

（一）体现动态与相对静态分析相结合

对于新能源汽车产业，无论是其自身还是所处的环境，都是处于不断变化之中的，是一个动态过程。因此，产业发展过程中会呈现不同的发展阶段，每一阶段风险也会呈现各自的特征，各风险要素所发挥的作用也不一样。风险要素自身会随环境的变化处于动态变化之中，从一个相对平衡的状态经过动态变化之后又达到新的平衡状态。所以，在进行新能源汽车产业风险识别与评价的过程中要能够体现静态分析与动态分析的结合。

（二）识别与评价要着眼现实更要关注未来

现实是出发的起点。新能源汽车产业风险识别与评价必须着眼于现实，明晰产业发展的现状，但同时也要关注未来，关注未来的不确定性。只有努力运用科学的方法去建构可能的未来，对现实才更具指导意义。

例如，分析新能源汽车产业的某种风险时，人们会首选在脑海中构建一种关于未来风险可能的景象，或者是推演若干种可能的景象。进而，人们可以查找分析导致各种可能风险的内外在因素，还会用分析出的一系列因素正向推演风险，经过多次的正、反向推演，丰富对现实与未来的本身及关系的认识。所以，在新能源汽车产业风险识别与评价过程中，要能够建立一种良好的现实与未来的联系。

（三）充分考虑利益相关者在风险识别与评价中的作用

对于一个产业而言，战略的规划和制定与企业层次会有极大的不同，会变得更为复杂。因为产业的影响与决定因素更多，涉及的利益相关者数量和构成也更为复杂，所以，本书认为，新能源汽车产业的战略选择或未来发展不是一个简单的由决策层面确定或主导的问题，而是包含决策者在内的更多利益相关者的各自判断和决策所共同作用来决定。当然，这种决定的前提是基于产业的现有发展基础，如新能源汽车产业的技术现状和发展趋势、经济发展现状与趋势、竞争现状与趋势等。

研究新能源汽车产业实际更多的是在研究关于未来的问题，未来不能事先确定，但可能演变为不同的方向。这种方向取决于现在的利益相关者所做和将要做出的各种行动和决策。所以，对我国新能源汽车产业风险分析与评价要充分考虑利益相关者的

作用。利益相关者不仅包括专业的研究人员、行业的专家、企业的管理者，还包括与新能源汽车产业链相关的人员以及消费者。同时，根据风险识别与评价的需要，不同利益相关者在其中发挥的作用也是不一样的，如有时需要专家型意见，有时需要个体决策型意见，有时需要各类意见的综合。

三、我国新能源汽车产业风险识别与评价研究框架分析

根据上述分析，本书构建了我国新能源汽车产业风险识别与评价研究框架。该框架包含三个维度，分别为基于风险源的产业风险识别、基于情景分析的产业风险识别和产业风险评价。其中，基于风险源的产业风险识别包含两个方面，即关键风险源识别和基于因素间交互关系的风险识别。

（一）关键风险源识别

该过程是要识别导致风险的原因，即风险的来源是什么。同时，要对这些风险来源进行详细分析，归类整理，并最终形成一个可供进一步风险动态识别和评价的指标体系，以实现对新能源汽车产业静态视角下的风险形态的整体描绘。即通过相对静态的识别过程，回答了新能源汽车产业风险有什么，导致风险的风险源是什么，且通过相关方法识别出重要的风险源。

（二）基于因素间交互关系的风险识别

新能源汽车产业风险静态识别过程只是采取了风险源或影响因素割裂开来的方式，而没有考虑因素间的交互关系。正如前文所述，因素间的交互关系将会呈现产业风险的另一番图景，也更能加深对因素的理解与认识。同时，随着时间的推移，这种交互的分析方法可以运用在不同的时间断面上，再对照不同时间断面上所获得的信息，即可以分析出新能源汽车产业风险的动态变化。

（三）风险动态识别

在风险动态识别中的动态性体现在两个方面：一是以动态的视角看待因素的变化，即把因素放在未来的一个时间段进行考察，具体通过对现状的分析和借助专家等利益相关者的意见分析因素的可能变化；二是在对因素动态分析的基础上抓住关键要素，这些关键要素未来会有不同的可能性，将这些关键要素按照不同的可能性进行动态组合，力图构建新能源汽车产业未来可能的风险图景，通过风险动态识别，回答了风险怎么样。

（四）风险等级评价

经过对风险的识别后，就要对新能源汽车产业风险的程度进行评价，获得一个定性或定量的风险等级，风险等级可能是"高、中、低"，或者是"关键、重要、一般"。无论用什么评价方法来确定风险的等级都是较为困难的，可能单纯的"高""中""低"

并不能全面反映风险的程度，最终的评价的等级结果也可能是"高""中""低"的成分各占多少。但不管怎样，只要评价的结果具有足够的科学性，能够提供足够多的有价值信息，对现实就具有指导意义。

第五节　我国新能源汽车产业风险控制对策与建议

一、充分发挥政府在新能源汽车产业风险规避中的总体协调作用

（一）发挥国家级协调机构在产业风险规避中的作用

2020年国务院办公厅印发了《新能源汽车产业发展规划（2021——2035年）》，强调通过强化组织领导和统筹协调，加强部门间协同配合，解决新能源汽车推广应用中的重大问题，以提高工作效率。在这一框架下，应进一步加强机制，规避产业风险，建立相应的工作机制和协调联动机制，明确产业风险预警和责任主体，解决产业发展中可能出现的风险或潜在风险，避免因预判不充分或预警响应不及时而错失良好的风险控制时机。

（二）建立国家层面的产业风险预警与动态监测体系

通过整合各方力量，包括政府、科研院所、中介机构、相关企业等建立科学的产业风险预警与动态监测体系。

风险预警和动态监测体系要能涵盖产业外生性风险和内生性风险，对重点领域加强管控。

对于外生性风险源，尤其要关注技术突变风险、周期性风险和外部竞争风险，利用大数据技术等最新手段及时识别和扫描产业发展外部环境可能的微弱风险信号，建立相应的数据库资源，识别出关键的风险信号，重点监控，及时为政府和各产业参与主体提供产业风险预警信息。考虑到外生性风险的特点是风险影响范围广、风险可控性差，这就要求产业各参与主体能够根据外部风险预警信息，提前制定关于产业外部风险应对预案，做到风险来临时能够及时作出响应。

针对内生性风险源，要加强对行业的运行情况的监测，很重要的一点就是尽快建立新能源汽车产业统计制度，以便获得全面、规范的产业发展数据，更好地识别产业风险。

（三）建立全国性的新能源汽车产业风险信息共享平台

对于各产业参与主体来说，及时、准确、全面地掌握新能源汽车产业风险信息至关重要。通过建立全国性的产业信息共享平台，坚持信息对等的原则，确保企业、消费者等经济活动参与者对风险信息的知情权和获取权。当然，建立全国性的新能源汽

车产业风险信息共享平台并不是说平台的建设与运行都由政府包办，而是要借助中介机构的专业优势和市场化力量，通过信息购买或成本补贴的形式，或建立一种创新的利益交换补偿机制，确保信息交流通道的顺畅，降低信息置换过程中的时间和经济成本。产业风险信息具有特殊性，有些信息可能关系到国家经济安全，或涉及企业的商业机密。根据安全需求对产业风险信息进行相应分类，对于可以全面公开的信息要全面向各参与主体公开，对于可部分公开的信息则进行部分公开，对于涉及经济安全或商业机密的风险信息则通过特殊管道进行信息传递。

二、努力降低新能源汽车产业政策风险

我国新能源汽车产业政策主导色彩比较浓厚，产业各主体对政策的依赖倾向较为严重，同时造成了各主体更关注政策的走向，并综合产业各方面信息建立自己的预期，政策的不确定性和预期的不确定性会增加产业风险形成复杂性，以及风险管理与控制的复杂性。所以，明确的政策导向和以市场主导、政策引导的发展思路对于降低我国新能源汽车产业政策风险极其重要。

（一）明确新能源汽车产业政策导向

新能源汽车产业的发展需要政府给出明确的政策导向，这样才能稳定各产业参与主体对未来的预期，增强信心，才可能持续地投入新能源汽车产业，才能让中国汽车工业集中力量，在新能源汽车领域实现"弯道超车"。

要做到明确政策导向，就必须保持新能源汽车产业政策的持续性和一致性。这就要求政策制定部门对现有的政策进行全面的梳理，及时发现可能存在的政策不致和不持续问题尽快扭转，最高政策制定部门要做好总体统筹，完善我国新能源汽车产业发展政策体系，形成长期稳定的激励和约束机制，给产业发展清晰、明确的指向，稳定各参与主体的政策预期。

（二）充分贯彻市场主导，政策引导的发展思路

发展新能源汽车是一项系统工程，在研发、示范和市场导入初期需要一个有利的政策环境。政策要以培育良好的新能源汽车发展环境为出发点，逐步确立市场主导地位。通过制定引导性政策，使产、学、研、用和社会各方力量形成合力，构建中国特色的新能源汽车产业发展环境，推动我国电动汽车产业快速、健康发展。充分发挥各政策工具的优势，逐步减少直接干预政策比重，增大间接调控政策比重，发挥政策杠杆作用，调动新能源汽车相关参与主体的积极性、主动性，减少对政策的依赖性。同时，在充分借鉴国外经验和结合我国自身实际的基础上，在政策上要有所创新，如将碳排放交易的思想引入新能源汽车产业，或借鉴美国加州汽车生产企业零排放车（Zero Emission Vehicle，ZEV）规定，制定实施基于汽车企业平均燃料消耗量的积分

交易和奖惩办法，在考核企业平均燃料消耗量时对新能源汽车给予优惠，鼓励新能源汽车的研发生产和销售使用，迫使和激励企业研发并提高新能源汽车产销量，使企业发展新能源汽车成为自动自觉的行为。

强化政策对新能源汽车产业链构建的支持。以往的扶持政策更多的是关注产业链的末端，即对整车企业或消费者从财税方面的支持较多，这样可以增大扶持效果的显示度，短期效益明显，但容易造成企业对政策的过度依赖和企业投机行为，进而导致企业创新动力不足。需要从新能源汽车全产业链的视角，抓住重点和薄弱环节，通过政策的引导与支持寻求突破。当前需要进一步完善相关的财政、税收、金融等支持政策，在财税补贴政策方面，出台除购买环节以外的，科研、充电加气站建设用地和售后服务等全方位的优惠政策；在税收政策方面，制定研发环节原材料环节、生产环节、消费环节、保有使用环节全产业链的税收优惠扶持政策；在金融政策方面，鼓励有技术优势、市场前景好的电动汽车整车和零部件企业，通过发行企业债券短期融资券、中期票据和股票，广泛吸纳社会资金或在资本市场上筹集资金。

（三）建立新能源汽车产业政策实施效果评价机制

定期评估政策实施情况，开展政策实施后的效果评价和调整研究，不断完善相关措施。由于新能源汽车产业内外部条件和环境的变化，产业政策实施的效果具有很大的不确定性，这就要求能够及时对产业实施效果进行动态监控，并适时进行效果评价，发现问题，及时对政策进行完善调整。而且，建立新能源汽车产业政策实施效果评价机制有利于奖优罚劣，更好地发挥激励功能，也有利于提高政策的制定和执行的质量与效果。

三、建立合理的风险分担和利益共享机制

从本书分析可知，发展新能源汽车产业会涉及技术、市场、政策等各类风险，但不同参与主体所承担的风险是有差异的，汽车厂商往往要承担所有各类风险，而且汽车厂商所承担的风险可控、可测性更差，而基础设施建设企业（如电力公司）所承担的风险比整车企业稍小一些，终端使用企业（如公交公司等）等所承担的风险相对较小，而且风险的可预知性较大。同时，不同主体的收益情况也有巨大的差异，目前在普遍面临低利润或零利润风险的情况下，主体享受政府的补贴多，则收益预期也较高，反之则低。这种风险和收益的分布不均，显然不利于调动所有主体的积极性，并且不利于增强整个产业体系运行的稳定性。因此，建立健全的风险分担机制是非常有必要的，它是实现新能源汽车产业利益相关者互利共赢的保障。

（一）鼓励社会资本参与新能源汽车领域

要完善新能源汽车金融服务体系，满足新能源汽车生产经营、消费等各环节的融

资需求，大力拓宽融资渠道，鼓励社会资本参与新能源汽车生产和运营服务。也要鼓励非银行金融机构加大支持力度，对新能源汽车产业融资，如保险公司可以开发新能源汽车筹措资金的风险保障项目，增强新能源汽车产业的信贷能力。社会化金融服务一方面能够为发展新能源汽车产业提供资金支持；另一方面社会资本所具有的专业和规范的市场运作流程，能够更为熟练地驾驭和管控风险，是发展新能源汽车产业一个非常重要的市场力量。

（二）创新新能源汽车产业商业模式

受我国传统汽车产业格局以及不同区域条件差异的影响，不同城市或区域建立了各具特色的新能源汽车产业商业模式。多元商业模式共存，体现了我国新能源汽车产业商业模式正处于探索阶段，要通过市场的不断检验，但最终还是要确立一个或少数几个可以全面推广的成熟商业模式。同时，必须认识到的是，由于我国新能源汽车产业正处于产业化前期阶段，商业模式走向成熟的过程是产业各发展要素逐步成长与完善的过程，也是商业模式不断创新的过程，创新的商业模式要求从全产业链的视角，通过对价值链的重新梳理，了解各个环节、各个主体创造价值的过程和投入产出情况，抓住价值链的梗阻环节，让产业链各环节企业分摊不同特性成本，形成产品价格的市场竞争力。这种创新的产业商业模式，能够让整个产业分别通过产品销售收入和服务收入两大平台赢得利润，从而积极地调动多方参与基础设施建设和运营的积极性，尽快形成合理的利益分配机制和开放、可持续的基础设施运营机制。

四、努力提升产业核心能力

（一）完善我国新能源汽车产业科技创新体系

新能源汽车产业的核心竞争力是其所拥有的创新技术以及优秀的产品质量。技术创新、产品创新更重要的还是理论的创新和管理模式的创新，因此应建立适合经济社会需要和新能源汽车产业发展的科研体系，为理论创新技术创新提供良好的环境基础。从国家层面上来讲，我国新能源汽车行业已经建立起比较完整的技术创新体系，但现有体系亟须完善。新能源汽车产业科技创新体系要以基础研究为基础，关键技术为核心，多种生产技术与之匹配，包括产业共性技术和关键技术的特定结构的技术体系。新能源汽车产业科技创新体系应包含技术储备体系、技术识别体系、技术生成体系、技术评价体系、技术吸收体系、技术标准体系、技术组织与控制体系等。同时在整个体系中，围绕着关键技术突破、技术产品实现，建立包括利益驱动机制、社会激励机制、运营机制、扩散机制、保障机制和优化机制等。

作为一个产业科技创新体系，产业发展的社会系统方面的能力是不可或缺的，所以，我国新能源汽车产业科技创新体系的构建必须着眼产业全局和全产业链。同时，也要放眼国际，加强国际交流与合作，积极开展与美国、德国等国家和相关国际组织在新能源汽车前沿基础技术研究、测试与标准规范制定联合示范与考核、技术发展路线图等方面的合作。

（二）加快产业标准化建设

标准化是在经济、技术、科学及管理等社会实践中，对重复性事物和概念通过制定、发布和实施标准，达到统一，以获得最佳秩序和社会效益。标准化是国民经济和社会发展中一项重要的技术基础工作，是推动经济发展和技术进步不可或缺的因素，也是中国新能源汽车产业化发展重要的技术保障。标准化所带来的统一和最佳秩序也会对新能源汽车产业风险的规避发挥巨大的作用。

新能源汽车产业标准化建设要由国家专门机构进行统筹管理，严格明确相关单位权责分配，建立健全行业标准，并提升标准的可操作性和实用性。要统一标准和目录。各地区要严格执行全国统一的新能源汽车和充电设施国家标准与行业标准，要严格控制地方性的新能源汽车和基础设施标准的制定与实施。新能源汽车标准建设要有前瞻性，要能紧跟世界新能源汽车技术发展步伐，掌握相关前沿技术，明确未来技术发展趋势，制定我国新能源汽车自主创新的技术标准法规体系战略，逐步形成适合我国新能源汽车产业发展的、具有国际竞争力的新能源汽车标准法规体系。要重点突破当前急需解决的标准建设问题，积极协调各利益主体间的关系，尽快完善电池尺寸、充电电压、通信协议、充电站设计等制约产业进一步发展的标准建设，为大规模示范和产业化提供技术标准支持。

深度参与国际新能源汽车标准制定与建设工作，逐步建立与国际接轨的标准体系，在制定和不断完善我国新能源汽车相关标准的基础上，针对新能源汽车涉及的各种已有和未制定标准，开展交流与合作，积极参与国际标准的研究与制定，争取在优势产品和技术领域发挥主导作用，为我国新能源汽车产业争得更多的国际话语权。

同时，要加大新能源汽车产业标准化工作的宣传力度，为标准化工作的顺利开展创造良好的舆论环境。

（三）做好技术和人才储备

新能源汽车产业作为新兴产业，技术和人才是最为核心、最为能动的发展要素。新能源汽车技术作为新兴技术，需要一个庞大的技术群作为支撑，其中既包括基础技术、前沿技术，也包括正在形成的技术以及已成形的技术。人才是知识经济的核心资源，任何产业的发展都需要各类金融、风险投资、高技术等相关的人才，只有充分发挥人的积极性，才能促进一个产业的发展。随着我国新能源汽车产业不断发展和壮大，客观上需要一大批新能源汽车产业专门人才。所以，提前做好新能源汽车产业技术和人才储备是十分必要的。

在技术储备方面，要瞄准国际前沿技术，要攻克以新型动力电池、储能系统、燃料电池驱动系统、整车控制和信息系统、充电加注、试验检测等共性关键技术以及整车集成技术等为代表的一批前沿高端难点技术，开发出具有关键技术综合集成性、先进成果展示标志性、系列化、高级别新能源汽车，深入开展下一代新能源汽车自主创新研究，为产业中长期发展做好技术储备。

同时，要处理好自主与引进的关系，要以自主研发为主，技术引进为辅，对现有的技术要认真评估，确定自主与引进的技术目录。对于产业发展急需技术或考虑到成本因素，有些技术经过认真论证，完全可以采用技术引进或合作研发的方式获得。

新能源汽车专业人才是能够掌握国际国内新能源汽车技术发展状况以及相关企业发展动向、了解新能源汽车行业的发展战略以及相关政策举措、具备新能源汽车专业技术知识的人才。在人才储备方面，政府应着力完善人才培养体系，为汽车产业的发展以及新兴产业的崛起提供有力的人才支持，以国家专项工程为依托，引进和培养一批国际知名的领军人才，加强与新能源汽车有关的电化学、新材料、汽车电子、车辆工程、机电一体化等相关学科建设，培养技术研究、产品开发及管理人才。实施人才引进计划，鼓励企业、大学和科研机构引进专业人才，积极开展产、学、研合作。通过本土培养和筑巢引凤相结合，确保国内新能源汽车产业人才供应体系的稳定。

（四）建立全国性质的新能源汽车产业技术联盟

目前，我国各地按照区块划分在全国范围已经建立了数十家各类新能源汽车产业联盟，但我国各类联盟发展水平参差不齐，从实际运行效果来看，很多联盟还处于概念阶段，联盟的功能定位模糊，组织松散，运行机制没有建立，联盟的功能并没有充分发挥。而且从产业整体来看，这种分散的联盟组织也容易造成对市场的分割、资源的分散，形成不了合力。所以，需要建立一个全国性质的新能源汽车产业技术联盟，联合整个产业链的各个主体，组建以产、学、研合作模式为核心的产业技术联盟，以加快新能源汽车产业从技术研发到产业化生产和市场推展的商业化进程。全国性的联盟要明确自身功能定位，运行机制，捋顺全国联盟与区域联盟的关系，各自发挥自身应有功能。

（五）加强我国新能源汽车产业品牌建设

无论是对于一个企业，还是整个产业，品牌是综合实力的象征，培育品牌的过程就是不断提升产业核心竞争力的过程，也是稳定现有市场、开拓和占领全新市场的重要途径。世界汽车业巨头发展成功经验表明，品牌建设是发展新能源汽车产业不可或缺的重要工作内容。培育我国新能源汽车品牌可以从以下几个方面着手：培育几个具有世界影响力的新能源汽车产业集群，打造几个具有国际示范功能的新能源汽车推广示范城市或区域，培育几个国际知名的关键零部件企业与整车企业，培育几个国际知名的关键零部件品牌和汽车品牌。

五、加强我国新能源汽车产业软环境建设

（一）文化环境建设

创造低碳环保的消费文化氛围，提高整个社会的环保意识，使消费者转变消费模式，养成低碳化、低能耗的消费习惯，提升消费质量，追求文明消费。全社会应形成低碳消费氛围，引导消费者树立与低碳消费相协调的消费观，更多地让消费者感受低碳交通出行对环境改善的作用，鼓励低碳消费，汽车消费要以追求绿色、健康为导向，改变我国以高耗油汽车为主的消费结构。培育崇尚购买、使用新能源汽车的消费文化，提高消费者认知，用心培养消费者转换愿望。

发展新能源汽车产业离不开创新商业环境的培育以及企业家创新精神的塑造。要创造有利于新能源汽车产业发展的创新文化环境。构建创新文化必须融合东西文化，以中华民族优秀传统文化为本，吸收一切优秀文化，提炼融合，积极倡导进取、开拓创新合作精神，努力塑造一种有利于我国新能源汽车产业的创新文化。文化创新应以培养创新精神为导向，培养和树立创新精神，使广大民众崇尚创新，积极投身于创新活动。一方面，创新主体要敢于探索和冒险、勇于标新立异开拓进取，坦然面对挫折和失败；另一方面，在创新主体间要形成团结协作、公平竞争、宽容和谐的良好文化氛围，共同寻求创新和突破。

加强宣传引导和舆论监督。当前消费者对新能源汽车品牌、驾驶性能、节能减排、国家优惠政策等均缺乏了解。各有关部门和新闻媒体在新能源汽车宣传普及过程中不仅要宣传新能源汽车的品质，特别是强调其安全保护方面的技术措施，还要通过多种形式大力宣传新能源汽车对降低能源消耗、减少污染物排放的重大作用，组织业内专家解读新能源汽车的综合成本优势。要通过媒体宣传，提高全社会对新能源汽车的认知度和接受度，同时对损害消费者权益、弄虚作假等行为给予曝光，形成有利于新能源汽车消费的氛围。

（二）法律环境建设

新能源汽车产业化的顺利发展离不开法律的保障。从国内外新能源汽车产业发展政策导向上来看，国外发达国家一般倾向于利用严格的环境保护法案，并将新能源汽车产业政策纳入相关法律的内容，间接引导和控制企业行为，用法律的手段保证了政策的权威性和强制性，保障了新能源汽车政策的有效实施，同时，在具体法规内容的设计上更具创新性和灵活性，为企业留有自我选择空间。我国应借鉴发达国家经验，

在探索促进新能源汽车产业发展的政策手段时，要能够开阔视野，把新能源汽车产业放在一个更大的宏观环境下考察，完善相关法律法规，为新能源汽车产业化发展提供法律依据和法律保障，形成新能源汽车产业稳定的发展环境，能够灵活运用法律和行政两种手段，发挥各自优势，全面促进新能源汽车产业化的可持续发展。

第一，需要加强专项立法，在立法的过程中，一定要明确地界定产业政策所发挥作用的边界，注重市场机制作用的发挥；第二，需要加强产业政策的立法，政府应抓紧制定指导汽车产业可持续发展的产业基本法，并以此基本法为依据进一步制定和完善新能源汽车产业促进法；第三，要加强知识产权立法，对于以知识密集、技术密集为特征的汽车产业而言，在完善新能源汽车产业的整个过程中，相关部门一定要重视将法律与该产业特点相结合，根据不同的产业特性确立不同立法标准，扩大知识产权相关法律法规所能够保护的范围；第四，要加强管理机构立法，可以考虑通过设置委员会的形式来整合和提升执法机构的权力和能力，确保法律的权威性和可行性。

采取相应措施将会有效化解和规避我国新能源汽车产业风险。本章从如何更好地发挥政府在新能源汽车产业风险规避中的作用、降低政策风险，建立合理的风险分担与利益共享机制，以及努力提升新能源汽车产业核心能力、加强我国新能源汽车产业软环境建设等方面提出了具体的对策和建议。

第五章　新能源汽车产业的政策分析

2018 年受宏观经济环境影响，我国汽车市场低迷，汽车产销均低于预期。虽然我国全年汽车产量 2780.9 万辆，汽车销量 2808.1 万辆，继续雄踞全球汽车市场首位，但是打破了近 30 年的连续增长趋势。

然而在这样宏观大环境疲软与汽车市场低迷的情况下，新能源汽车市场却一枝独秀，继续保持高速增长。2018 年，我国新能源汽车产销分别为 127 万辆、125.6 万辆，较上年同期均增长 60%。纯电动汽车、插电式动力汽车、燃料电池汽车三类车型中，纯电动汽车产销依然占比最大，为 98.6 万辆和 98.4 万辆，增长幅度最大的车型中是插电式电动车产销，分别增长 122% 和 118%，燃料电池汽车增长潜力较大，全年完成产销 1527 辆。

截至 2023 年，中国汽车市场在经历了几年的波动后有所回暖。最新数据显示，2023 年全年汽车产量为 3000 万辆，汽车销量为 2950 万辆，虽然与 2018 年相比有所增长，但增速仍然较为缓慢，汽车市场竞争依然激烈。

在整体市场表现平淡的情况下，新能源汽车市场继续保持快速增长势头。2023 年，中国新能源汽车产量达 350 万辆，销量为 340 万辆，较 2018 年分别增长了 175% 和 170%。其中，纯电动汽车的产量和销量分别为 280 万辆和 275 万辆，占新能源汽车市场的主要份额；插电式混合动力汽车的产量和销量分别为 65 万辆和 60 万辆，增长势头依旧强劲；燃料电池汽车的产量和销量分别为 5000 辆和 4800 辆，显示出较大的增长潜力。

中国新能源汽车能够逆势增长，离不开国家相关政策的扶持，仅在 2018 年，由国务院办公厅、国家发改委、工信部等发布的针对新能源汽车产业的相关政策就达到 16 项之多。截至 2023 年，我国针对新能源汽车产业相关的政策增加至 20 项。尽管中国新能源汽车产业起步较晚，但通过学习和借鉴美国、日本、德国等国家的先进经验，中国在技术创新和市场推广方面取得了显著进展。未来，中国将继续通过政策引导、技术创新和市场培育，推动新能源汽车产业的发展，促进汽车产业的转型升级，进一步巩固和提升在全球新能源汽车市场的竞争力。

　　各国对新能源汽车行业的扶持政策多样，按照政策的类型与功能，本章将这些政策分为发展规划政策、技术与能源限制性政策、配套基础设施政策、推广与补助政策。发展规划政策是指对新能源行业的发展规划，一般是国家宏观层面对该国新能源汽车产业未来一段时间的产销量、市场大小做出的谋划；技术与能源限制性政策是指各国对新能源汽车行业的生产技术标准与相关能源使用限制所设定的政策；配套基础设施政策是指该国为保证新能源汽车行业发展，对其配套设施（如充电桩等）做出的前瞻性规划；推广与补助政策是指各国在推广新能源汽车时所采用的宣传方式与激励手段。

第一节　新能源汽车产业政策概述

一、发展规划政策

　　2020年11月，国务院发布了《新能源汽车产业发展规划（2021—2035年）》，该规划旨在推动我国新能源汽车产业的可持续发展，加快汽车产业转型升级，实现碳达峰和碳中和目标。该规划提出了明确的发展目标和战略措施，涵盖技术创新、市场推广、基础设施建设、产业生态优化等多个方面。《新能源汽车产业发展规划（2021—2035年）》的发布，为中国新能源汽车产业的发展指明了方向，提供了政策保障。通过实施这一规划，中国将进一步巩固在全球新能源汽车市场的领先地位，助力实现绿色低碳发展的目标。

　　2021年2月，国家发改委发布了《中华人民共和国国民经济和社会发展第十四个五年规划和2035年远景目标纲要》，聚焦新一代信息技术、生物技术、新能源、新材料、高端装备、新能源汽车、绿色环保以及航空航天、海洋装备等战略性新兴产业，加快关键核心技术创新应用，增强要素保障能力，培育壮大产业发展新动能。

　　2021年12月，国务院印发《"十四五"现代综合交通运输体系发展规划》（以下简称《规划》）。《规划》指出到2025年，综合交通运输基本实现一体化融合发展，智能化、绿色化取得实质性突破，综合能力、服务品质、运行效率和整体效益显著提升，交通运输发展向世界一流水平迈进。展望2035年，便捷顺畅、经济高效、安全可靠、绿色集约、智能先进的现代化高质量国家综合立体交通网基本建成，"全国123出行交通圈"（都市区1小时通勤、城市群2小时通达、全国主要城市3小时覆盖）和"全球123快货物流圈"（快货国内1天送达、周边国家2天送达、全球主要城市3天送达）基本形成，基本建成交通强国。

二、技术与能源限制性政策

我国对于新能源汽车产业技术标准制定主要针对于电池技术，新能源汽车能源政策主要以电价与油耗限制内容为主。

2014年2月，科技部和工信部联合发布了《2014—2015年节能减排科技专项行动方案的通知》旨在全面推进节能减排工作。该通知认为，面临国内与国际上日益复杂的资源环境问题，我国节能减排科技创新工作存在以下问题：自主研发的环保设备性能不优，技术集成不够、企业创新体系薄弱、科创配套激励政策不完善。该通知计划面向多领域进行节能减排科技攻克与创新工作。其中特别提到要进行一定数量的推广示范工程，重点是结合大型活动与国际赛事推广新能源汽车，率先实现新能源汽车在公共交通领域的示范推广工作。

为了利用价格杠杆促进新能源汽车的进一步推广，2014年7月，国家发改委发布了《关于电动汽车用电价格政策有关问题的通知》。该通知指出，在2020年前对向电网经营企业直接报装接电的经营性集中式充换电设施用电，执行大工业用电价格，暂免收基本电费，而且对其他充电设施执行分类目录电价，并通过电价政策调整汽车充电时间。明确要求各地要通过有效的补贴政策，使得电动汽车的使用成本显著低于传统燃油汽车，增加新能源汽车在消费者需求端的竞争力。将电动汽车充换电设施配套电网改造成本纳入电网企业输配电价，由电网企业统一免接网费用建设相关新能源汽车充换电配套电网。

2015年3月，工信部制定发布了《汽车动力蓄电池行业规范条件》，随着动力电池行业的不断升级与市场需求的不断变化，工信部于2016年12月发布《汽车动力电池行业规范条件（2017年）》（征求意见稿）。该征求意见稿从企业基本要求、生产条件要求等方面对动力电池发展进行了规范。对产能规模要求提高，呼应《"十三五"国家战略性新兴产业发展规划》中2020年我国动力电池产量应位于世界领先地位的要求，明确提出锂电子动力电池单体企业年产能力不低于80亿 W·h，系统企业年产能力不低于80000套或40亿 W·h。空前重视安全生产要求，强制开启动力电池回收阶段，意味着行业资源将向拥有更多高端技术、产能规模更大、生产体系更完善的行业头部企业集聚，动力电池行业将开启一段时间的"兼并重组"时期。

2017年1月，由国务院办公厅印发的《"十三五"节能减排综合工作方案》中对汽车等移动污染物的减排做出了部署，到2017年要基本淘汰全国范围内的所有黄标车。2015年以及2016年上半年，我国发生了三十多起由与新能源汽车有关的安全事故，这说明随着我国新能源汽车的广泛应用与推广，有些安全问题已经暴露。于是工信部发布了《新能源汽车生产企业及产品准入管理规定》，进一步完善了新能源汽车生产企业的准入条件与其产品的准入条件，建立了运行安全状态监测制度对消费者购买的产品进行运行安全状态监测，希望通过这些措施保护消费者合法权益与促进该产业的良性发展。

2017 年 9 月通过了 5 个月的意见征询，工信部等部委印发了《乘用车企业平均燃料消耗量与新能源汽车积分并行管理办法》，标志着我国车企开启了"双积分"时代，更显示了我国对缓解能源与环境压力推广新能源汽车的决心。

该办法在一定程度上借鉴了美国、欧美等新能源汽车推广较为成熟与完善国家与地区的经验，并考虑了我国汽车行业的现实状况。通过实行企业平均燃料消耗量和新能源汽车两种积分来实现节能减排与推广新能源汽车两个目标。通过明确的积分核算办法分别计算平均燃料消耗量积分与新能源汽车积分，建立这二者的积分管理平台，企业可以通过该平台开展积分转让和交易。对于大企业与小企业进行分类管理，如"对传统燃油乘用车年度生产量或者进口量不满 3 万辆的乘用车企业，不设定新能源汽车积分比例要求；若满 3 万台新能源汽车积分在 2019 年需到达 10%"。对于企业平均燃料消耗量积分的负积分，可以通过使用本企业结转或者受让的平均燃料消耗量正积分，使用本企业产生或者购买的新能源汽车正积分进行抵消；新能源汽车积分中，正积分可以自由交易，但不得结转（2019 年度的正积分可以等额结转一年）；负积分可以采取购买新能源汽车正积分的方式抵偿归零。通过这样的管理办法倒逼国内新能源汽车行业的加速发展，对我国节能减排工作具有重要意义。

2017 年 9 月，国家发改委等五部委印发《关于促进储能技术与产业发展的指导意见》，计划用十年时间用"两步走"的方式推进储能产业的发展，第一阶段实现储能产业由研发示范工程到商业化初期的过渡；第二阶段实现商业化初期向规模化发展转变。具体来说，是在"十三五"期间，积累一批具有不同技术类型的示范项目并培养其商业竞争力，重点包括 10/100 MW·h 级超临界压缩空气储能系统、10/1000 MJ 级飞轮储能阵列机组、100 MW 级锂离子电池储能系统、大容量新型熔盐储热装置、应用于智能电网及分布式发电的超级电容电能质量调节系统等；在"十四五"期间，形成较为完善的产业体系，掌握储能产业国际技术话语权，实现我国储能产业规模化发展。

随着近年来我国新能源汽车快速推广，根据中国汽车工业协会公布的统计数据，2018 年，我国新能源汽车累计产量已超过 210 万辆，由此引发了动力蓄电池的回收与利用问题。如果在该问题上处理不当，因动力蓄电池对环境带来的负面影响，将会抵消推广新能源汽车对环境的益处，甚至在一定程度上将对环境造成更大的问题。

针对以上问题，工信部、科技部、环保部等部委于 2018 年 1 月发布《新能源汽车动力蓄电池回收利用管理暂行办法》，来实现动力蓄电池的全生命周期溯源管理。

明确了汽车生产企业是动力蓄电池回收的主体，不仅应建立回收网点并向社会公布肩负起主体责任，还应构建闭环管理体系，开展全生命周期管理，以电池编码为技术手段建立动力蓄电池溯源信息系统。对动力蓄电池生产企业、新能源汽车车主、汽车生产企业、售后服务机构和电池租赁企业明确了责任，特别强调动力蓄电池的回收流程，严控废旧动力蓄电池的流向。

鼓励废旧电池按照先梯次利用后再生利用进行资源综合利用效益最大化。监管机构应该完善相应法规，以市场化应用为导向，开展动力蓄电池回收利用模式创新。

按照上述文件精神，工信部等部委于 2018 年 3 月印发《关于组织开展新能源汽车动力蓄电池回收利用试点工作的通知》，在京津冀、长三角、珠三角、中部区域等选择部分地区，开展新能源汽车动力蓄电池回收利用试点工作，以试点地区为中心，向周边区域辐射。

为了促进我国新能源汽车电池行业的行业自律与产业升级，2018 年 4 月，中国汽车工业协会、中国汽车动力电池产业创新联盟发布《汽车动力蓄电池和氢燃料电池行业白名单暂行管理办法》。采用企业自愿申报的形式，且对申报受理不设置专门的时间段，随时申报随时受理，通过初审后由中国汽车动力电池产业创新联盟秘书处负责组织专家组对申请企业进行评审。对企业白名单实施动态管理，每 3 年对白名单内的企业进行复评，若违规将被取消白名单资格。白名单在一定程度上能为名单上企业引导更多资源流入，帮助企业自身发展。首批入选白名单的企业有深圳市比亚迪锂电池有限公司、合肥国轩高科动力能源有限公司、上海捷新动力电池系统有限公司、上海重塑能源科技有限公司等。

2018 年年末，国家继续加大力度扶持相关充电桩建设，11 月国家发改委等部委联合下发《提升新能源汽车充电保障能力行动计划》。按照该计划的内容，我国计划在 3 年内使得新能源汽车充电技术有着实质性的飞跃，提升品质优化体系，增强充电网络互联互通的能力，引导升级充电运营服务品质。充分发挥中国充电联盟等行业组织的作用，促进行业积极自律，配合政府的严格准入机制与相应监管，促进我国新能源汽车充电设施产品品质与服务水平的提高。

2020 年 11 月，国务院发布的《新能源汽车产业发展规划（2021—2035 年）》中提出要深化"三纵三横"研发布局，以纯电动汽车、插电式混合动力（含增程式）汽车、燃料电池汽车为"三纵"，布局整车技术创新链。研发新一代模块化高性能整车平台，攻关纯电动汽车底盘一体化设计、多能源动力系统集成技术，突破整车智能能量管理控制、轻量化、低摩阻等共性节能技术，提升电池管理、充电连接、结构设计等安全技术水平，提高新能源汽车整车综合性能。以动力电池与管理系统、驱动电机与电力电子、网联化与智能化技术为"三横"，构建关键零部件技术供给体系。开展先进模块化动力电池与燃料电池系统技术攻关，探索新一代车用电机驱动系统解决方案，加强智能网联汽车关键零部件及系统开发，突破计算和控制基础平台技术、氢燃料电池汽车应用支撑技术等瓶颈，提升基础关键技术、先进基础工艺、基础核心零部件、关键基础材料等研发能力。该规划还指出要推动动力电池全价值链发展。鼓励企业提高锂、镍、钴、铂等关键资源保障能力。建立健全动力电池模块化标准体系，加快突破关键制造装备，提高工艺水平和生产效率。完善动力电池回收、梯级利用和再资源化的循环利用体系，鼓励共建共用回收渠道。建立健全动力电池运输仓储、维修保养、安全检验、退役退出、回收利用等环节管理制度，加强全生命周期监管。

2024 年 1 月，工业和信息化部、公安部、自然资源部、住房城乡建设部、交通运输部联合开展智能网联汽车"车路云一体化"应用试点工作。坚持"政府引导、市场驱动、统筹谋划、循序建设"的原则，建成一批架构相同、标准统一、业务互通、安全可靠的城市级应用试点项目，推动智能化路侧基础设施和云控基础平台建设，提升车载终端装配率，开展智能网联汽车"车路云一体化"系统架构设计和多种场景应用，形成统一的车路协同技术标准与测试评价体系，健全道路交通安全保障能力，促进规模化示范应用和新型商业模式探索，大力推动智能网联汽车产业化发展。

三、配套基础设施政策

新能源汽车的推广不仅需要舆论引导，更需要相关配套设施建设以提高推广的基础。为了加快新能源汽车充电设施建设以及推进新能源汽车产业继续发展，财政部、工信部等于 2014 年 11 月制定了《关于新能源汽车充电设施建设奖励的通知》。该通知对京津冀、长三角和珠三角地区等大气污染治理重点区域中的城市或城市群中达到相应推广数量的城市进行动态评估，将认定具有推广成效突出且不具有地方保护主义的城市作为奖励对象。对符合国家技术标准且日加氢能力不少于 200 kg 的新建燃料电池汽车加氢站、服务于钛酸锂纯电动等建设成本较高的快速充电设施政策予以倾斜，适当提高补助标准。中央财政按照相应标准对上述符合条件的城市进行浮动奖励，奖励浮动标准与考核标准挂钩且按照推广数量分年度安排中央财政进行资金奖励。该通知明确奖励资金只能用来统筹建设充电设施等相关领域，不得用于对消费者进行新能源汽车购置补贴。

针对我国居民汽车保有量提高，并在未来一段时间还有可能继续提高的原因，出于对目前城市停车难问题的现实考量，为解决停车设施供给不足等问题，2015 年 8 月，国家发改委发布了《关于加强城市停车设施建设的指导意见》。该意见一共提出了 16 条有针对性的措施，其中明确指出"鼓励建设停车楼、地下停车场、机械式立体停车库等集约化的停车设施，并按照一定比例配建电动汽车充电设施，与主体工程同步建设"。

　　除了对新能源汽车示范城市进行奖励资金以供其建设充电基础设施，为了加快充电基础设施行业的发展，国务院办公厅印发了《关于加快电动汽车充电基础设施建设的指导意见》。该意见认为大力推进充电基础设施建设，有利于解决电动汽车充电难题，是发展新能源汽车产业的重要保障，对于打造大众创业、万众创新和增加公共产品、公共服务"双引擎"，实现稳增长、调结构、惠民生具有重要意义。以在 2020 年建成我国适度超前、车桩相随、智能高效、能满足超过 500 万辆电动汽车充电需求的基础设施体系为目标，在建设审批、财政补贴、支持关键技术研发等方面适度予以倾斜、统一充电标准、拓宽多元融资渠道、加大用地支持力度加速充电设施的建设。特别是规定，新建住宅原则上配建停车位应 100% 建设充电设施或者预留建设安装条件，大型公共建筑物配建停车场、社会公共停车场建设充电设施或预留建设安装条件的车位比例不低于 10%，每 2000 辆电动汽车至少配套建设一座公共充电站。

　　时隔一个月，为贯彻上述国办文件精神，明确未来 5 年我国电动汽车充电设施的发展目标，国家能源局印发了《电动汽车充电基础设施发展指南（2015—2020 年）》，以统筹未来 5 年电动汽车充电基础设施的行业发展。该指南通过需求预测了 2020 年我国电动汽车保有量将超过 500 万辆，因此明确了 2020 年全国将建成 480 万个充电桩，满足 500 万辆新能源汽车充电需要，其中包括分散式公共充电桩 50 万个、私人充电桩 430 万个。在京津冀、华东、华南部分电动车发展基础好的省份，需要新建充换电站 7400 座，充电桩 250 万个；在西北、东北、华中、西南等省份，需要新建充换电站 4300 座，充电桩 220 万个；其他尚未被纳入国家新能源汽车推广应用范围的积极促进地区，预计需要新建充换电站 400 座，充电桩 10 万个。对于充电设施的建设，应该优先建设公共交通领域的充电设施，稳步推进用户专用充电桩建设，鼓励向社会公众开放使用。结合现有高速公路，建设"四纵四横"的城际快充网络，满足居民的城际出行需求。鼓励利用社会资本设立充电基础设施发展专项基金，发行充电基础设施企业债券，探索利用基本养老保险基金投资支持充电基础设施建设。

　　2016 年 1 月，财政部等部委印发了《关于"十三五"新能源汽车充电基础设施奖励政策及加强新能源汽车推广应用的通知》，明确了为进一步培育我国新能源汽车的应用环境，未来 4 年中央财政将继续安排专项资金对充电基础设施建设、运用给予奖励。在按照新能源汽车推广与发展基础的省份划分下，再一次强调了"破除地方保护主义"是纳入奖励范围的重要参考因素。奖补资金的标准与各省（区、市）新能源汽车推广数量相关，即推广数量越大，获得的中央财政奖补资金也就越丰厚。按照不同年份，设置奖补门槛（标准车推广量），超出部分设置专额奖金。以 2020 年为例，对于处在大气污染治理重点区域和重点省市，推广标准车达到 70000 辆后，将获得

12600 万元奖补资金，在此基础上每增加 6000 辆，增加奖补资金 1100 万元，奖补资金最高封顶 2 亿元。同样地，奖补资金只得用于充电设施相关领域的建设与运用工作，不得用于平衡地方财政与对消费者新能源汽车购置性补贴，对于弄虚作假、违规使用资金的地区，将追缴扣回奖补资金。

为进一步推广新能源汽车，加速其配套基础充电设施建设，国家能源局等单位于 2017 年 1 月下发《关于加快单位内部电动汽车充电基础设施建设》的通知。该通知明确，到 2020 年，公共机构新建和既有停车场要规划建设配备充电设施（或预留建设安装条件）比例不低于 10%；中央国家机关及所属在京公共机构比例不低于 30%；在京中央企业比例力争不低于 30%。与此同时，鼓励其他社会单位按照此标准开展内部充电设施建设，对于符合规定的自建新能源充电设施，可以按照相关规定申请建设补贴与国家专项建设基金支持。

2020 年 11 月，国务院发布了《新能源汽车产业发展规划（2021—2035 年）》，为完善基础设施体系，该规划指出推动充换电网络建设的三点方案：①加快充换电基础设施建设。科学布局充换电基础设施，加强与城乡建设规划、电网规划及物业管理、城市停车等的统筹协调。依托"互联网 +"智慧能源，提升智能化水平，积极推广智能有序慢充为主、应急快充为辅的居民区充电服务模式，加快形成适度超前、快充为主、慢充为辅的高速公路和城乡公共充电网络，鼓励开展换电模式应用，加强智能有序充电、大功率充电、无线充电等新型充电技术研发，提高充电便利性和产品可靠性。②提升充电基础设施服务水平。引导企业联合建立充电设施运营服务平台，实现互联互通、信息共享与统一结算。加强充电设备与配电系统安全监测预警等技术研发，规范无线充电设施电磁频谱使用，提高充电设施安全性、一致性、可靠性，提升服务保障水平。③鼓励商业模式创新。结合老旧小区改造、城市更新等工作，引导多方联合开展充电设施建设运营，支持居民区多车一桩、临近车位共享等合作模式发展。鼓励充电场站与商业地产相结合，建设停车充电一体化服务设施，提升公共场所充电服务能力，拓展增值服务。完善充电设施保险制度，降低企业运营和用户使用风险。

2022 年 1 月，国家发展改革委国家能源局等部门制定了《关于进一步提升电动汽车充电基础设施服务保障能力的实施意见》。为全面贯彻落实《国务院办公厅关于印发新能源汽车产业发展规划（2021—2035 年）的通知》，支撑新能源汽车产业发展，突破充电基础设施发展瓶颈，推动构建新型电力系统，助力"双碳"目标实现，提出实施意见：到"十四五"末，我国电动汽车充电保障能力进一步提升，形成适度超前、布局均衡、智能高效的充电基础设施体系，能够满足超过 2000 万辆电动汽车充电需求。积极推进试点示范，探索新能源汽车参与电力现货市场的实施路径，研究完善新能源汽车消费和储放绿色电力的交易和调度机制。探索单位和园区内部充电设施开展

"光储充放"一体化试点应用。

2023年5月，国家发展改革委、国家能源局制定了《关于加快推进充电基础设施建设更好支持新能源汽车下乡和乡村振兴的实施意见》。支持农村地区购买使用新能源汽车，鼓励有条件的地方对农村户籍居民在户籍所在地县域内购买新能源汽车，给予消费券等支持。鼓励有关汽车企业和有条件的地方对淘汰低速电动车购买新能源汽车提供以旧换新奖励。鼓励地方政府加强政企联动，开展购车赠送充电优惠券等活动。加大农村地区汽车消费信贷支持。鼓励金融机构在依法合规、风险可控的前提下合理确定首付比例、贷款利率、还款期限。

同年6月，国务院办公厅发布《国务院办公厅关于进一步构建高质量充电基础设施体系的指导意见》。到2030年基本建成覆盖广泛、规模适度、结构合理、功能完善的高质量充电基础设施体系。建设形成城市面状、公路线状、乡村点状布局的充电网络，大中型以上城市经营性停车场具备规范充电条件的车位比例力争超过城市注册电动汽车比例，农村地区充电服务覆盖率提升。

四、推广与补助政策

新能源汽车的推广是发展新能源汽车产业的重点，推广政策也是我国新能源汽车政策较为密集的领域。

2008年，国务院印发《关于开展节能与新能源汽车示范推广试点工作的通知》，拉开了我国新能源汽车产业发展的序幕。当时正值北京奥运会期间，通过配合北京奥运会，我国成功实施了新能源汽车的科技示范工程。该通知选取了北京、上海、重庆、长春、大连、杭州等13个城市开展新能源汽车推广试点工作，并且倾向于在财政政策方面对面向公共领域的新能源汽车进行奖励。

2009年，以上述通知为主要依照，开展了"十城千辆节能与新能源汽车示范推广应用工程"，该工程旨在每年发展10个城市，并在每个城市进行推广1000辆主要集中于公共交通领域的新能源汽车，以达到3年后全国新能源汽车运营规模占汽车市场份额的1/10。同年，财政部和科技部为规范该专项资金的管理，保证财政政策切实增强新能源汽车的推广效率，联合印发了《节能与新能源汽车示范推广财政补助资金管理暂行办法》。该办法主要是以中央财政对新能源汽车提供购买补贴，同时辅以地方财政对新能源汽车行驶的必要基础配套设施建设及该类设施的养护进行补助，并且在该办法里明确了新能源汽车的财政补贴标准。以纯电动汽车与燃料电池汽车为例，分别可以享受6万元与25万元的购置补贴。同年8月，工业和信息化部发布了《节能与新能源汽车示范推广应用工程推荐车型目录》，进一步指导新能源汽车的推广与示范工作。

2013 年，财政部、科技部、工业和信息化部、发展改革委四部委联合下发了《关于继续开展新能源汽车推广应用工作的通知》，表明在前期文件《关于开展节能与新能源汽车示范推广试点工作的通知》取得积极成绩的情况下，国家将继续开展新能源汽车的推广与应用工作。该通知明确了新能源汽车推广试点城市的范围与选择标准，倾向于选择特大城市进行推广，重点集中于京津冀、长三角、珠三角等具有较大汽车尾气排放压力的区域。中央财政将用专项资金对示范城市给予奖励，以便于该城市建设新能源汽车配套基础设施，甄选出的示范城市对未来一段时间推广量、推广汽车外地品牌数、公共领域新能源汽车占比等进行动态评估并引进淘汰机制。继续对消费者提供新能源汽车购置补贴，加大公共领域新能源汽车的推广力度，但是明确了补助标准将会在考量多因素后实行"逐年退坡"机制，原则上每年下降 10%。消费者购置价格按照原本售价减去购置补贴后支付，中央财政按季将对相关车企进行补贴预拨，按年进行清算。

不到半年，作为对该通知的补充，于 2014 年 1 月多部委发布《关于进一步做好新能源汽车推广应用工作的通知》。基于当年市场规模与国内外新能源汽车行业情况，对补贴"退坡机制"的下降范围进行了调整，2014 年在 2013 年标准基础上下降 5%，2015 年在 2013 年标准基础上下降 10%。基于推广工作的顺利进展与推广规模的快速增加，为保持政策连续性明确 2015 年 12 月 31 日后，将继续实行符合当前实际情况的中央购置补贴政策，为国内新能源汽车厂商与消费者注入了一剂强心剂。

6 个月后，国务院办公厅发布了《关于加快新能源汽车推广应用的指导意见》，再一次凸显我国对新能源汽车推广工作的力度。该指导意见是对上一个阶段我国推广新能源汽车政策的总结与完善，具有一定的承接作用。该指导意见再一次明确了我国发展推广新能源汽车的主要战略取向是纯电驱动，对促进与完善新能源汽车的推广工作，提出了 6 个方面 25 条措施。该指导意见要求各地加快新能源汽车相关配套充电设施的建设，建立创新的商业模式，引入市场的力量对新能源汽车充电设施建设和运营起到积极作用，继续加大新能源汽车在公共交通领域的示范效应，完善政策体系抓紧研究下一阶段的新能源汽车补贴政策。再次重申各地区应破除地方保护主义思想，执行全国统一的新能源汽车和充电设施国家标准和行业标准以及新能源汽车推广目录，集中力量加强新能源汽车技术创新与产品质量监管。在加强对消费者的引导与宣传工作，提升其对新能源汽车的接受度，同时也要加大力度保证消费者权益，对损害新能源汽车消费良好氛围的弄虚作假行为予以坚决抵制与曝光。

前述推广新能源汽车的政策文件取得了良好的效果，新能源汽车销售数量稳步提升，产业化步伐明显加快。为了保证政策的连续性，继续用行政手段帮助我国新能源汽车的推广工作，财政部等四部门联合发布了《关于 2016—2020 年新能源汽车推广应用财政支持政策的通知》，以向社会传达在未来 4 年，我国将继续对新能源汽车的推广与应用实行补助。补助对象以及补助产品依然是消费者和纳入"推荐车型目录"的新能源汽车，但是对于补助标准施行了适当的退坡机制，具体来说，在未来 4 年出于对生产研发成本、规模经济等因素的考量，每 2 年补助标准较上一个 2 年的补助金额下降 20%。对于纳入补助的推荐车型，更加关注其产品性能是否稳定可靠、售后服务是否完备、关键零部件是否合格等因素，严厉打击虚报参数骗取补贴、虚报推广信息骗取补贴、实际产品与上报产品参数不符的行为。

在各项财税政策与各方面的共同努力下，我国新能源汽车产业进入了发展的快车道，整车与相关动力电池产销不断扩大，相应的技术攻克也取得了明确的成就。为了保证我国新能源汽车产业的良性健康发展，集中解决当时出现的部分厂商骗取补贴的情况，财政部等四部委联合印发了《关于调整新能源汽车推广应用财政补贴政策的通知》，通过多项措施完善新能源汽车补贴政策，调整政策从 2017 年 1 月 1 日起实施。主要通过提高新能源汽车产品技术要求，提高中央财政补贴的准入门槛，细化补贴方案，引导车企提高产业化以降低生产成本；落实主体责任，加强中央与地方对企业监督检查，建立国家新能源汽车监管平台；严厉打击骗补，对于骗补的企业责任人与协助企业谋补骗补的政府机关及其工作人员，以及监督机制不健全的地方与个人，有关部门将按照相关法律法规和规定予以处罚。

2016 年 12 月，科技部等部委发布了《关于新能源汽车推广应用审批责任有关事项的通知》，明确了相关资金申报的程序，首先由生产企业提交数据，再由企业注册所在地新能源汽车推广牵头部门会同其他有关部门、省级新能源汽车推广牵头部门会同其他相关部门逐级审查无误后，再上报中央相关部委。工信部再对企业实际推广情况进行重点核查，形成核查报告，财政部依照该核查报告拨划资金。界定了各方责任，生产企业对申报材料的真实性负责，地方承担新能源汽车推广应用主体责任，工信部会同有关部门对各地申请报告和推广专项核查结果负监督检查责任。对部分违规违法行为，依照国家有关规定以及法律法规进行严肃处理。

在 2017 年 10 月央行与银监会发布的新一版《汽车贷款管理办法》中，新能源汽车的贷款发放比例要高于传统汽车，自用新能源汽车贷款最高发放比例可达 85%，商用新能源汽车贷款最高发放比例也可达 75%，远高于传统燃油汽车的贷款发放比例。

根据中国汽车工业协会公布的统计数据，2017 年中国新能源汽车产销均接近 80 万辆，分别达 79.4 万辆和 77.7 万辆，同比分别增长 53.8% 和 53.3%。我国新能源汽车推广工作取得了重大的成就。2018 年，我国继续实行动态调整的新能源汽车推广财政补贴，补贴标准依照当年财政部、工信部、国家发改委等部委下发的《关于调整完善新能源汽车推广应用财政补贴政策的通知》。

在这次调整中，进一步提高了新能源汽车的补助技术门槛，在政策方面倾向于对具有更高性能的动力电池进行补助。同时继续按照"退坡机制"，参考成本等因素的变化，优化了新能源乘用车补贴标准，合理降低了新能源客车和新能源专用车补贴标准。以纯电动乘用车为例，最低档由原来的2万元降至1.5万元，同时为进一步推广插电式混合动力乘用车，其最低档补助由2017的年2.4万元降至2.2万元，以较小的"退坡度"刺激该类车型的消费端。相比之下，新能源货车和专用车退坡幅度较大，最高补贴上限由15万元降为10万元，每一档次的每度电补贴均有所下降。

对于社会上对运营型新能源汽车申请里程过大的诉求，也得到了相应满足。按照该通知累积运营里程从2017年的3万公里下降至2万公里以缓解部分企业的资金压力。该规定从2018年2月12日开始实施，2018年2月12日至6月11日为过渡期。过渡期期间上牌的新能源乘用车、新能源客车按照2016年财建第958号文件对应标准的0.7倍补贴，新能源货车和专用车按0.4倍补贴，燃料电池汽车补贴标准不变。

2018年7月，国家发改委发布的《关于创新和完善促进绿色发展价格机制的意见》完善了部分环保行业用电支持政策，在2025年前对实行两部制电价的污水处理企业用电、电动汽车集中式充换电设施用电、港口岸电运营商用电、海水淡化用电，免收需量（容量）电费，以支持新能源汽车的推广。

2021年12月，财政部、工业和信息化部、科技部、发展改革委近日联合印发《关于2022年新能源汽车推广应用财政补贴政策的通知》，综合考虑新能源汽车产业发展规划、市场销售趋势以及企业平稳过渡等因素，2022年新能源汽车购置补贴政策于2022年12月31日终止，2022年12月31日之后上牌的车辆不再给予补贴。同时，继续加大审核力度，做好以前年度推广车辆的清算收尾工作。

2023年5月，财政部、税务总局、工业和信息化部发布《关于延续和优化新能源汽车车辆购置税减免政策的公告》。对购置日期在2024年1月1日至2025年12月31日的新能源汽车免征车辆购置税，其中，每辆新能源乘用车免税额不超过3万元；对购置日期在2026年1月1日至2027年12月31日的新能源汽车减半征收车辆购置税，其中，每辆新能源乘用车减税额不超过1.5万元。购置日期按照机动车销售统一发票或海关关税专用缴款书等有效凭证的开具日期确定。

第二节 国外新能源汽车政策

一、美国新能源汽车政策

美国的新能源汽车产业发展是市场引导型，政府对其的发展规划并不多见，联邦政府主要通过对能源进行统一规划来间接指导该国新能源汽车产业的发展。

20世纪90年代，美国出台了《空气清洁法案》，该法案明确了减少传统燃油汽车的尾气排放是当前的主要任务。在两年以后出台的《1992年美国国家能源政策法案》中，对上述主要任务的解决办法是使用非石油能源代替石油燃料，并且设定了到21世纪初，对非石油能源的代替率要达到30%。

步入21世纪以后，美国新能源汽车产业快速发展，政府出台了多部能源法案，这些法案旨在通过税收减免、定向征收等手段，增强公众对新能源的认可度与接受度，并鼓励企业投入资金对新能源燃料展开研究。

2001年美国政府成立了"SEA燃料电池标准委员会"，制定了多种新能源汽车燃料电池的质量标准、生产要求，建立了较为完善的燃料电池汽车的标准体系。

2002年，联邦政府提出了燃料电池电动汽车协助计划，由能源部与汽车研究理事会共同投资开发具有市场化与推广可行性的氢燃料电池技术与相关的配套系统，动用40亿美元的联邦政府专项资金对车企进行扶持与资助。

在2005年，当局修改了《美国国家能源政策法案》，希望通过各种资金补贴方式来鼓励在美车企生产使用新能源动力的车辆。例如，联邦政府向某一特定车型的新能源汽车提供税收抵免。按照该政策描述，企业生产的前6万台新能源汽车，可以获得税收抵免。对于亟待发展的燃料电池汽车可以获得的税收抵免为8000～40000美元一辆不等；插电式新能源汽车的税收抵免是在一部分基础金额上对效能超过4 kW·h的车型，提供最高可达5000美元的补充税收抵免。

2008年的H.R.633法案明确，在2010年政府每年将拨款1600万美元用于对混合动力重卡的研发、生产、销售进行资助，这是美国第一次扩大了对新能源汽车的资助范围。

2009年，面对国内与国际经济形势疲软，美国联邦政府制定了《2009美国复苏与再投资法案》，在该法案中加大了国家对新能源汽车产业的支持力度，明确希望新能源汽车产业成为美国经济复苏的增长点。在美国下一代电动汽车动议中，联邦政府决定为包括部分车企在内的新能源相关研究机构提供 24 亿美元资金，用于其建设生产基地、安全质量检测设备与相关教育培训设施。

2010 年的《44 亿美元能源法案》，再次扩大了对新能源汽车研发资助的车辆类型，针对天然气汽车以及电动车的研发，政府分别给予 40 亿美元和 4 亿美元的资助。

2011 年发布的《美国电动充电器减税优惠政策》中，明确了对配套基础设施进行补贴的对象与内容，按照该政策，在车库安装家用电动汽车充电器可减少最高达 1000 美元的税收，而企业用户则最高可达 3 万美元。

2013 年，奥巴马在一次演讲中重点讲了新能源汽车技术对美国能源安全的重要性，并宣称只有让汽车摆脱汽油，才能打破油价上涨的循环。他还承诺未来 10 年，美国政府将每年拨款 2 亿美元用于新能源的研究，使得电动电池技术等新能源技术降低新能源汽车的成本。

2023 年美国国会通过的《通货膨胀削减法案》中提出：消费者购买电动汽车的补贴，将使得消费者在一辆新的新能源汽车上节省 7500 美元，从而每年节省数百美元的汽油费用，同时在美国制造业中创造新的就业机会，巩固其国家能源安全。

二、日本新能源汽车政策

日本早在 1965 年就启动了对电动车的研制计划，是世界上最早开始发展电动汽车的国家之一。

1993 年，日本政府实施"世界能源网络"计划，提出该国在 2020 年要实现对氢能的较高效率利用，启动了 ECO–Station 项目，建设 1000 个左右的纯电动车快速充电站。

在 1998 年日本实施"清洁能源汽车补贴"计划，一直持续至今。最初对于新能源汽车配套基础设施的补贴是在该政策框架下进行计算的，一般是对充电设备的购置补贴。

2000 年日本政府发布的《氢能和燃料电池汽车示范计划》属于对基础技术规范新能源汽车行业的发展，在两年后的《氢能及燃料电池示范项（2002—2004 年）》更是收集了相关新能源汽车的实际运行数据，基于这些数据制定了详细的规划与措施，以保证燃料电池车的大规模生产。

2001 年日本政府发布的《绿色税制》中就有所体现，在该汽车税收制度绿色化的决议中，规定了在一定条件下，对一些环节友好性、低排放、低能耗的汽车减免税收，最大比例可达 50%，虽然该项政策并没有明确提出对新能源汽车的支持，但是对该国新能源汽车产业的发展有着极大的推动作用。5 年以后，日本政府发布了《2030 年能源战略》，意在对未来能源格局进行战略布局，提出将根据排放和燃料效率对电动汽车进行减税，对符合规定的混沌动力新能源汽车的购置补贴最大可以高达售价的 50%，2007 年，日本政府再次宣布在未来 5 年内将投入 100 亿日元，继续补贴购买该类型新能源汽车的消费者。这是对 2001 年《绿色税制》决议中对环境友好型汽车优惠政策的延续，第一次明确提出了对新能源汽车税收支持。

2002 年，日本政府成立了《新能源汽车开发项目》，计划在 5 年时间内，投入金额 200 亿日元的专项资金，联合日本本土汽车企业对电动汽车核心技术进行研发，在节约行政成本的同时，带动企业攻克新能源电动汽车技术前沿的积极性。

2006 年的《新国家能源战略》指出：到 2030 年，能源效率提高 30% 的同时，对石油能源的依赖度要下降 10%，细化至各领域，对于交通领域的石油依赖度要从以前的完全依赖下降两成至 80%。

2007 年，日本政府投入 4500 万美元用于电池等关键技术的研发，重点扶持高性能车用充电电池项目。

2010 年启动日本最大规模的新能源汽车发展规划政策《新一代汽车战略 2010》，对于以新能源汽车为代表的"新一代汽车"提出保有量、充电桩数量等一系列发展目标，争取在 10 年时间内达到新能源汽车在日销售量占所有汽车销售量的 50% 的目标，新能源汽车保有量达 1350 万辆，在下一个十年，也是 2030 年，这个比例要达 70%。对于新能源汽车的配套基础设施，该规划还规定要在 2020 年前建成 200 万个普通充电设施以及 5000 个快速充电站，为达到保有量目标提供设施保证。在当年日本政府所提出的"日本重振战略"中，也对日本下一个时间的各类型新能源汽车销售量提出了较高的目标。

2014 年日本经济产业省在《新一代汽车战略 2010》的基础上，结合近几年日本新能源汽车产业发展状况制定了《汽车产业战略 2014》，在保证新能源汽车技术攻克与使用的推广的同时，注重对传统燃油汽车环保性改造。

2022 年春季，为了提高新能源汽车的市场占有率，日本政府对购买新能源汽车的民众进行了加倍补助。具体而言，如果民众购买电动汽车（EV），可以获得较目前多出两倍、最多 80 万日元的补助；如果购买的是插电式混合动力车（PHEV），可以获得较目前多出 2.5 倍、最多 50 万日元的补助。此外，针对各汽车生产厂商计划生产的"轻型电动汽车"，新购者最多也可获得 50 万日元补助。总之，日本政府对新能源汽车市场有明确的发展目标，并制订了详细的计划，发布了配套政策。

三、德国新能源汽车政策

欧盟的能源政策对德国的新能源政策的制定有着重要的影响。1997 年欧盟发布了《欧盟未来能源：可再生能源白皮书》，确定了在能源结构中增加可再生能源比例的指标。在 2007 年发布的《新欧洲能源政策》中，提出到 2020 年要将二氧化碳等气体排放量降低 1/5，以氢能为代表的新能源比例提高 1/5。2030 年将城市中的传统燃油汽车的保有量下降至50%，而在2050年传统燃油汽车将完全消失于欧盟的城市中。

2007年，德国政府就前瞻性地对锂离子电池技术进行了布局，更是在第二年拨款6000万欧元作为专项基金，并成立了锂离子电池联盟。

2009年，为了应对金融危机对经济增长的影响，德国出台了多项刺激经济计划，在这些计划中提出在从2009年开始的未来3年里，提供5亿欧元的专项资金对在德车企新能源汽车技术的研发提供扶持。德国政府还发布了《国家电动车发展计划》，这是德国新能源汽车产业发展的纲领性文件，在该文件中对2020年德国全国的新能源汽车运行量做出了要求，要求当年上路的新能源汽车要达100万辆。

2011年，NPE平台成立，这是德国为电动汽车产业而设立的国家平台。该平台在当年发布的一项文件显示，德国将其未来新能源汽车的发展阶段分为以研发与展示为主的市场准备阶段、以推广为主的市场推广阶段以及最后的规模化市场阶段，以将其在传统燃油汽车市场的领先地位延续至新能源汽车市场上。

2014年发布的一些法案中，德国给予新能源汽车在道路上更多的优惠与特权，如在部分停车费的免交或者优惠、设立专门停车位与通行路段等方式，加大对消费者购买新能源汽车的激励。

2022年，德国政府出台《购车补贴"加码升级"》政策，自2022年2月17日起，德国新能源汽车购置补贴政策进行了调整。购车补贴金额提高了50%，并且补贴范围扩大到部分购买二手新能源汽车的车主。

第三节　国际新能源汽车政策的对比分析

各国因其国情不同、汽车工业基础不同，相应的新能源汽车政策模式也有所不同。从国家视角来看，中国对新能源汽车的相关政策与其他汽车传统强国相比，出台时间较晚。我国新能源政策的出台主要力量源于政府的前瞻性规划与能源、汽车专家的技术论证，市场在促进该产业发展方面的作用较小。中央政府侧重对我国新能源汽车产业的生产能力、销售量等做出规划，如《新能源汽车产业发展规划（2021—2035年）》要求2025年我国新能源汽车新车销售量达到汽车新车销售总量的20%左右。随着2008年前后新能源汽车推广工作的成功与我国新能源汽车产业的技术突破，国内出现了大量的新能源汽车厂商，国家也出台了《新能源汽车生产准入管理规则》，对厂商的准入、产品的技术要求等做出了相应的规范。为了保证新能源汽车的销量目标，我国政府十分重视对于新能源汽车配套基础设施的建设，如《国务院办公厅关于进一步构建高质量充电基础设施体系的指导意见》就明确提出到 2030 年，基本建成覆盖广泛、规模适度、结构合理、功能完善的高质量充电基础设施体系，有力支撑新能源汽车产业发展，有效满足人民群众出行充电需求。然而，由于新能源汽车还处于发展阶段，民众对其接受度还主要靠着相应的推广与政府补助政策提高，我国的补助政策从一开始的"无差别"补贴到后来按技术补贴、"退坡补贴"对新能源汽车消费市场起到了一定的刺激作用。从上述分析可以看出，中国新能源汽车政策是政府规划型，是主要依靠政府宏观规划政策，突破核心技术、保证产销量以发展该产业。

美国新能源汽车政策为市场培育型。市场带动型意味着美国是通过推广与补助政策，刺激消费市场带动新能源汽车产业的发展。美国通过对购买新能源汽车、安装充电基础设施的消费者进行税收减免来刺激该产业的消费市场，通过国家政策对市场的培育作用，从而带动美国新能源汽车产业的发展。美国通过《美国未来能源保证法案》《美国电动充电器减税优惠政策》等法案与政策，使得新能源汽车在该国汽车市场上取得了更低的拥有成本，也使得新能源汽车产业成为该国遭受金融危机后经济复苏的新增长点。

日本是工业强国，其领先的汽车技术一直是该国新能源汽车发展的核心动力。因此，日本的新能源汽车政策一直是通过促进新能源汽车的技术攻克引导该产业的发展。资源的匮乏让日本不得不在技术方面加大研发力度，以代替物质的不足。例如，日本政府公布的《新能源汽车开发项目》，计划在 5 年时间内投入 200 亿日元的专项资金对电动汽车核心技术进行研发，提前布局汽车市场，意图稳固日本在汽车工业方面的传统优势。

德国也是传统的汽车工业强国。从德国政府的相关政策也能看出，德国一直试图维持其在传统燃油汽车领域的龙头地位，因此该国对新能源汽车的相关领先技术也十分重视。例如，德国政府的《锂离子电池联盟计划》拨款 6000 万欧元支持锂离子技术研发，并成了锂离子电池联盟联合相关在德车企共同参与技术攻克。除此之外，德国政府还对新能源汽车技术路线、车辆驱动技术、车用新材料等均有一定程度的扶持政策，意图打造新能源汽车的国际品牌与技术标准。因此，德国在新能源汽车产业政策上属于创新驱动型，旨在通过产品技术创新占领国内外市场，带动该产业发展。

在技术与能源限制政策方面，中国更加注重由政府统一谋划、部署对于新能源汽车前沿技术的攻克，而美国、日本、德国等国家在重视政府力量的同时，还适当引入企业参与共同研发技术。

各国均重视新能源汽车配套基础设施的建设，中国通过财政奖励激励地方政府建设相关充电装置，美国通过对安装充电桩的个人消费者和企业消费者进行税收减免来促进充电桩等基础设施的覆盖。作为对新能源汽车保有量等数量作出要求的中、日、德三国,相应地也对充电桩数量作出了建设目标,截至 2025 年年底,我国预计已建成投入使用的充电桩约为 1200 万个,在同一时间德国计划在国内建设充电桩 90 万个。

为了促进新能源汽车的推广,各国对购置性能源汽车的消费者的补贴均是政策的重点。美国与日本等国主要通过对消费者进行税收减免来刺激消费市场,中国对相关车企与消费者均有所补贴。与中国、美国、日本三国通过政府一力支付新能源汽车补贴不同,德国对于新能源汽车的补贴采取政府与车企 1：1 分摊的模式补贴消费者。

第四节 我国新能源汽车产业政策的历史演进与问题总结

本节通过梳理我国新能源汽车产业政策在产业发展过程中动态调整的脉络,从实践层面分析我国新能源汽车产业政策在产业发展中起到的引导和支持作用。首先,从我国新能源汽车产业政策发展阶段及特征等方面入手,梳理了现实基础。其次,概括分析我国新能源汽车产业发展现状、产业发展成效以及存在的不足,以此指明产业政策在其中可能存在的局限性。

一、我国新能源汽车产业政策的历史沿革

20 世纪 60 年代开始,由于燃油汽车在世界范围内大规模普及,各国经济进入高耗能发展阶段,自然环境遭到严重污染。同时,各国对石油资源的高度依赖以及由此引发的一系列国际争端,特别是 20 世纪 70 年代初中东石油危机爆发和 20 世纪 80 年代后全球气温上升造成对人类生存环境的严重威胁,世界各国开始迫切寻找能代替石油的新能源,新能源汽车成为被关注的焦点。

新中国成立后,为适应经济发展和国防建设的需要,党中央下定决心发展中国自己的汽车工业。随着国际环境变化和中国经济的发展,汽车产业转型升级成为历史必然。20 世纪 90 年代初开始,我国开始研发新能源汽车产业相关技术并出台一系列产业政策。

(一)新能源汽车产业政策的萌芽阶段(1991—2000 年)

改革开放后,中外合资的发展模式使得我国汽车工业首次触及国际先进制造技术。这一阶段是我国新能源汽车发展的萌芽时期,政策目标集中于为培育电动车及相关技术、为新能源汽车的技术发展提供支撑。由此可见,我国充分认识到现阶段国内传统内燃机汽车相比于发达国家和传统跨国车企在整车技术和关键零部件水平方面差距较大,而在新能源汽车这一新兴领域,全球处于发展初期,技术差距较小。因此,我国政府组织国内汽车生产企业、科研院校对新能源汽车及相关产业开展技术攻关计划。

　　"八五"时期，我国着力解决国民经济和社会发展中带有方向性、关键性和综合性问题，把产业结构调整放在经济建设的突出位置，我国开始全面推进社会主义市场经济体制改革，加强产业政策预见性、导向性和专业性。1992年8月22日，时任中国科协名誉主席的钱学森院士写信给国务院，建议我国汽车产业发展要越过传统燃油车的阶段，尽早发展对于生态环境更为友好的新能源汽车，尽快制订发展蓄电池汽车的计划。9月3日时任国务院副总理邹家华正式给钱学森院士回信，明确表示制订"电动汽车研究计划"，将"电动汽车关键技术研究"正式列入国家科技重大攻关项目，提出投资1500万元用于电动汽车的研发工作。这一时期，我国传统汽车工业刚起步，传统汽油、柴油内燃机快速发展，燃料储备充足，环境保护问题尚未被重视。发展电动汽车需要克服科研人才稀缺、工业基础薄弱、汽车企业技术储备缺失、产品质量不稳定、相关行业规划不明确、产业标准法规空白等问题。同时期，国家政策密集出台，在政策引导下，出现了200多家由汽车企业和高校、科研院所组成的单位团队，并投入大量的人力、财力和物力启动电动汽车的正向研发。1995年由我国国防科工委牵头，联合河北胜利客车厂、美国西屋公司、国防科技大学、北京理工大学、西北工业大学、长安汽车等院校和企业，以商用车为原型研发并生产出"远望号"12米电动客车就是这一阶段的典型成果。

　　"九五"时期，我国将"电动汽车重大科技产业工程"规划为工业高技术领域174项项目之一。国家科学技术委员会与机械部、国防科学技术工业委员会、航天总公司、电力工业部、国家环境保护局等部门以及中国一汽等企业，共同开展电动概念车（含相关技术）研究、电动改装车开发、试验示范区建设、运行机制和政策法规及技术标准等方面的研究。1998年6月9日国家电动汽车运行试验示范区开通，对30辆中外电动汽车运行使用，并对在我国推广电动汽车的社会条件和环境进行探讨。1999年4月，科技部牵头开展"空气净化工程——清洁汽车行动"，以发展清洁汽车产业、控制城市大气污染为目标，提出了研发动力电池和混合动力汽车技术的中长期措施，为此国家有关部委联合成立协调领导小组及办公室，负责研究发展遇到的重大问题并提出政策建议，并建立了专家组，为决策提供了智力保障。随后启动了清洁汽车关键技术及产业化项目，开展相关技术培训和标准检测工作，使清洁汽车的发展步入规范化、标准化和法治化的道路。2000年，同济大学成立新能源汽车工程中心（后更名为"新能源汽车及动力系统国家工程实验室"及"新能源汽车及动力系统国家工程研究中心"），深入研究车用电池技术。同一时期，国家总投资近10亿元，配套地方及企业资金共计约24亿元用于突破制约新能源汽车产业发展的相关技术瓶颈[①]。

　　这一时期，我国新能源汽车产业政策聚焦于产业的科研攻关和技术培育，基本沿

---

① 万钢. 中国电动汽车的现状和发展 [J]. 中国环保产业，2003(2): 27-28+30.

用传统选择性产业政策的理念、思路和模式，按照国家职能部门颁布指令性政策进行技术领域的战略规划布局，由科研机构开展相关技术研发、配套投入科研资金支持等政策措施保障新能源新兴产业的发展。并在相关政策的支持下，我国在新能源汽车总体设计、车用原材料国产化、电驱电控系统、高性能车用镍氢电池、锂材料动力电池、车辆管理等多项关键技术上均有所突破，实现了我国新能源汽车概念车型的自主设计和制造，配套新能源汽车试验示范区初步建成，为产业发展打下扎实的基础。

（二）新能源汽车产业政策的引导阶段（2001—2008 年）

这一时期是我国汽车产业发展的重要时期，也是技术快速进步时期。2001 年 12 月 11 日我国正式加入 WTO 后，我国汽车产业受到较大冲击。为进一步拓展我国汽车产业在世界范围内的影响力，从维护国家能源安全、重视环境保护、增强汽车工业核心竞争力、促进汽车产业结构升级的角度出发，我国开展了"电动汽车行动""清洁汽车行动"两个重大科技研究项目，在探索电动车替代燃油车方面，锚定新一代电动汽车技术作为汽车科技创新主攻方向，聚焦电动汽车发展政策及动力系统技术、关键零部件等方向。在此期间，我国出台了新能源汽车产业规划，按照新型工业化道路和转变经济增长方式的要求，以自主创新培育核心竞争力，缓解产业结构调整和优化升级带来的资源问题，完成新能源汽车产业的总体设计路线。通过实施电动汽车重大专项，相继研制出电动汽车功能样车、性能样车和产品样车，并在宏观政策上以纲领性文件规划了优先发展新能源汽车产业的导向。

2001 年 9 月，科技部启动"十五"国家高技术研究发展计划（863 计划），并以此计划为政策主线落实新能源汽车相关研发布局。"电动汽车重大专项"将混合动力、电动汽车、氢燃料电池的研发列入"863 计划"12 个重大专项之一，并将发展新能源汽车技术作为这一阶段的重心，新能源汽车也被列入国家的"鼓励产业目录"。这是我国第一次系统支持电动汽车的研发，形成了新能源汽车"三纵三横"的产业顶层设计，完成了我国在新能源汽车研发领域的总体布局战略；同年 12 月，科技部、总装备部、国防科工委、财政部联合印发《国家高技术研究发展计划（863 计划）管理办法》，提出以市场应用和国家重大战略需求为导向，在高技术领域将若干主题和重大专项作为发展重点，突破战略性、前沿性和前瞻性的重大关键技术问题；"十一五"时期，确定了《863 计划节能与新能源汽车》专题，将节能减排作为方向指引我国汽车行业的发展；同时，由 13 位涵盖了节能与新能源汽车整车技术研究开发、关键零部件技术研究方面的企业、高校和科研单位专家正式成立"十一五"863 计划节能与新能源汽车重大项目专家组，落实项目总体集成和技术协调，进一步把握项目整体技术方向，参与重大项目攻关，持续推动节能与新能源汽车的研发与产业化。

基于对我国新能源汽车可持续发展战略的认识，政府从顶层设计出发，以规划技术研发路径为重点，培育产业化发展环境，通过政策支持整车企业、关键零部件企业、高校院所等开展新能源汽车自主创新研发，基本完成了新能源汽车技术储备工作，同步开展政策完善以及法规、标准体系研究建立工作。2003 年 1 月，国务院印发的《中国 21 世纪初可持续发展行动纲要的通知》提出，一方面要开发、推广和应用先进适用的生态"友好型"清洁能源，另一方面要集中力量研发对可持续发展有重大影响的电动公共汽车关键技术；同年 2 月，在国家经贸委发布的《关于组织申报 2003 年国家技术创新计划项目的通知》中，将"新能源汽车相关应用技术及产品"作为先进汽车产品的创新计划面向全国开放申报；在 2004 年 5 月出台的《汽车产业发展政策》中，首次以纲领性文件确定发展节能环保、可持续发展的汽车技术是我国的长远规划，将从新能源汽车整车、关键动力系统、新技术产业化、政策环境、产品准入管理等方面采取措施，为我国新能源汽车技术攻坚和规模发展夯实了根基；在 2005 年 12 月出台的《产业结构调整指导目录（2005 年本）》中，将燃气、纯电以及混合动力汽车三大类新能源汽车的开发及制造列为鼓励类产业；2006 年 2 月，《国家中长期科学和技术发展规划纲要（2006—2020 年）》明确了交通运输是国民经济的命脉，要优先发展新能源汽车，将混动、燃气、纯电汽车整车研发和制造，动力系统及基础设施等技术攻关作为重点研究方向；2006 年 12 月，科技部公布《"十一五"国际科技合作实施纲要》，确定了以发展能源和环保技术为国际科技合作的优先重点，坚持提高自主创新能力，加强信息、新材料、绿色制造与先进制造技术领域的国际合作；2007 年 5 月，国务院发布的《关于印发节能减排综合性工作方案的通知》是我国政府第一次明确提出要发展新能源汽车，对"十一五"期间的节能减排工作进一步明确部署，公布实施新能源汽车生产准入管理规则及推进产业化发展。在确定和鼓励产业发展的同时，2006 年 8 月，国务院出台《关于加强节能工作的决定》，鼓励在交通领域通过技术进步、监管和保障促进节能领域共性和关键技术示范，并以政府公务车采购为表率推进改革，这是我国首次以产业规划纲领性文件明确提出要发展清洁燃料汽车；在 2008 年 8 月的《国务院关于进一步加强节油节电工作的通知》中，明确提出要求把节能环保型和清洁能源汽车列入政府采购范围，并要求政府部门在新购买公务车时优先购买。

虽然在产业发展初期，国家、地方政府和企业为产业技术攻关、企业扶持及相关配套投资了大量资金，但因相关约束机制尚未完善，出现了通过低端产品投机和炒作套取政府补贴等问题。为促进产业规划发展，推进新能源汽车产业化进程，在 2007 年 10 月出台的《新能源汽车生产准入管理规则》中，明确把新能源汽车作为一个独立的类别来规范，确定了概念，划分了种类，统一了生产标准，规范了生产企业资格和产品管理。在保护了国内新能源汽车产业的同时，对国外新能源汽车生产企业及其产品进行了限制。我国新能源汽车技术从科研储备阶段向产业化阶段发展；同年 12

月,《产业结构调整指导目录（2007 年本）》印发出台,将新能源汽车产业作为鼓励性产业享受政策支持,从产业引导方面体现了我国对该产业发展的激励和支持。

政策引导时期是我国新能源汽车技术攻关开局时期。历经电动汽车重大专项、"清洁汽车行动"和"节能与新能源汽车"专项专题,在创新战略驱动下,全面落实节能减排要求,国家在新能源汽车方面制定了产业发展的顶层规划,政策积极促进科技成果转化,提高了自主研发能力,推动了生产制造能力建设,引领了整车技术和零部件企业的产品开发和产业化发展,有力推进了整体产业市场化的进程[1]。2008 年北京奥运会 500 辆新能源客车往返于鸟巢、水立方、奥运村之间,履行了"奥运中心区零排放"的申奥承诺,如此高规格的频繁亮相使得交通电动化的概念通过奥运会的舞台在世界范围内传播开来。2008 年 12 月《深港澳电动汽车大规模示范运行》获批,为进一步推广新能源汽车、增强汽车环保节能意识提供了良好机遇。

我国新能源汽车研制开发与运行试验取得了显著的阶段性进展,启动相关课题 270 项,国家拨款 11.6 亿元,地方和企业投入超 75 亿元,32 家单位 1.46 万科技人员参与研发工作,建立了 15 个涵盖新能源汽车整车、关键零部件的共性技术研发中心及国家重点实验室,48 个电动汽车研发平台攻克了一大批节能与新能源汽车关键技术。59 项国家标准、10 项国家科技进步二等奖、22 项省部级科技进步一等奖、累计申请 2011 项专利（其中发明专利 1015 项）的丰硕成果,使我国新能源汽车在技术研发和产业应用方面具有了一定的自主知识产权[2];在国家宏观政策和顶层规划引导下,大批自主品牌整车和零部件企业进入新兴产业,一汽、长安、奇瑞等国有汽车集团公司以及民营企业如万向、比亚迪、春兰等集团公司均投资加入新能源汽车产业的发展中,形成了多家专业研发生产电动汽车的新型股份制企业,初步制成覆盖纯电、混动、燃料电池的产品车型,160 多款电动汽车列入新产品公告,投入市场 5000 多辆,部分成品样车及关键零部件的性能水平、性价比追平国际先进水平,多项技术填补了国内空白,具备了 15 万辆电动汽车整车和关键零部件生产能力。在电动汽车专项方面,我国自主研发的搭载锰酸锂动力蓄电池的纯电动轿车,在完成规定的试验外,还在各项特殊场景下测试,顺利完成了国际首例新能源汽车整车正面碰撞试验,有力证明了该产品的安全性。部分车型在步行街、居民小区和大学校园里进行商业化运行,2005 年和 2006 年两年实现纯电动汽车出口美国 3000 多辆;在混合动力汽车专项方面,有 8 个产品登入了国家的产品公告,并在北京、上海等城市进行公共汽车实际运营;在燃料电池汽车专项方面,上海市政府引导同济大学、上汽集团等校企单位,研发出了新生代氢燃料电池汽车"超越"系列,2002 年完成第一代燃料电池动力平台并且通过

---

① 万钢 . 中国"十五"电动汽车重大科技专项进展综述 [J]. 中国科技产业, 2006(2): 110–117.

② 万钢 . 中国"十五"电动汽车重大科技专项进展综述 [J]. 中国科技产业, 2006(2): 110–117.

国家验收，2003年7月完成第一代动力平台的燃料电池轿车试验样车"超越1号"的试制，2004年5月完成第二代动力平台的试验样车"超越2号"。2005年我国自主研发的氢燃料电池轿车"超越3号"性能稳定，平均可安全运行1.5万公里，单次加氢可行驶230公里，最高时速可达122公里，0至100公里加速时间为19秒，并在巴黎举行的"2006年米其林必比登清洁能源汽车挑战赛"中获得氢能燃料组比赛优胜奖。新能源汽车的技术研发和突破不仅为我国汽车工业转型升级指明了方向，还让我国看到了实现汽车工业跨越式发展的机遇，契合了交通可持续发展和国民经济低碳发展的战略构想。

这一时期，我国进一步细化和强化了对行业发展的指导，将新能源汽车产业政策的重点集中在产业化前端的科技研发环节，强化了产业政策的运用，延续了选择性产业政策制定的基本思想和措施偏好，但与政府主导的宏观战略阶段相匹配落地的配套政策较少。在此期间，新能源汽车应用的场景主要集中于个别城市的公共交通领域或以政府、企事业单位为主导的示范推广项目范围，示范试行意义多过实际应用。《产业结构调整指导目录（2007年本）》虽然允许技术路径多元化试错，但是受新能源汽车关键技术制约、基础设施不健全等问题影响，在车辆续航里程方面仍然无法得到实质性提高，导致新能源汽车项目市场转换率不足，产业化发展不强。反观日本丰田公司早在1997年就率先销售混合动力车型——普锐斯，并快速获得全球市场的认可，截至2007年已累计销量突破百万辆。由此可以看出，我国与日本等新能源汽车技术更为成熟的发达国家相比，产业化进程尚处于起步阶段。

（三）新能源汽车产业政策的丰富阶段（2009—2015年）

在此阶段，随着新能源汽车产业政策不断强化，政策引领作用凸显，客观上加速了产业的创新驱动发展，实现了产业关键技术突破、产品供给丰富和市场化初步形成。根据两轮推广示范工作的开展，可将本阶段划分为两个时期：一为2009年至2012年的试点示范推广时期，二为2013年至2015年的扩大推广应用时期。

1. 试点示范推广时期（2009—2012年）

这一时期，我国通过扶持战略性新兴产业，提升节能减排力度使生态环保产业推动经济社会发展。2008年的金融危机引起全球性经济危机和衰退，各国经济发展面临重大困难和挑战，汽车行业受到强烈冲击陷入困境，此时发展新能源汽车已逐渐成为各国重振经济的第一选择。2009年开始，为稳定经济增长，根据科学判断，我国决定发挥国内产业在全球经济中的比较优势，提出了重点产业振兴规划以应对经济下滑局势，并大力培育战略性新兴产业。在此期间，全球新能源汽车产业格局尚未形成，为促进各国新能源汽车尽快实现产业化，世界主要发达经济体纷纷出台各种引导扶持政策。经过前期的技术攻关，我国成功实现在北京奥运会、大连达沃斯论坛、上海世博会、深圳大运会期间高频投放使用新能源汽车，可以看出其关键技术已趋于成熟并向产业化拓展。各类电动汽车已小规模进入市场，特别是在 2008 年深圳高交会上，比亚迪品牌正式发布全球首款量产的插电混动车——F3DM 双模电动车，并于当年 12 月 15 日正式上市，开启了新能源汽车市场的大门。2009 年起，新能源汽车产业升格为国家战略性新兴产业，并在全国范围内对该产业的整体发展进行部署，对指定范围内的新能源汽车给予购置补贴，在战略规划、技术攻关以及市场推广等政策的导向下，我国新能源汽车完成了产业化、商业化初期发展。

在此阶段，我国新能源汽车产业政策的目标是推动产业从科研理论阶段进入市场实践阶段，政策内容聚焦于解决这一过程的关键问题，从产业规划、科技创新、财税支持等方面对产业规划和目标做出了详细的政策规定，以促进产业在技术研发、推广销售、公共服务等关键环节不断完善。

（1）从产业规划方面国家将新能源汽车产业发展提升至战略高度。2008 年美国金融危机爆发后，我国提出"保增长、扩内需、调结构"的总体要求，并陆续推出了十大产业振兴规划。在 2009 年 3 月《汽车产业调整和振兴规划》中，明确制定综合性应对措施，着力解决内部结构和外部环境积累的诸多矛盾，并提出"实施新能源汽车战略"。这也是我国首次在顶层规划文件中确定了把新能源汽车作为所属工业转型突破口的指导思想，明确了在市场规模、市场渗透率、产品和零部件技术水平等方面的发展目标，提出加快培育自主品牌新能源汽车，并由中央财政资金对新能源汽车关键技术研发和示范推广给予大力补贴，从长期发展的角度规划产业的未来，坚定了产业参与者的信心，正式拉开了我国新能源汽车产业化发展的序幕。进入"十二五"初期，根据国情和科技、产业的发展阶段和特点，2010 年 5 月，《关于进一步加大工作力度确保实现"十一五"节能减排目标的通知》出台，提出要做好新能源汽车的示范推广工作，制定了在规定时间内要完成明确任务的实施细则，并将新能源汽车列入政府优先和强制采购清单；2010 年 10 月，《关于加快培育和发展战略性新兴产业的决定》明确将节能环保等 7 个产业列为国家战略性新兴产业，其中新能源汽车产业更是成为国民经济的先导产业，明确提出要着力攻克动力电池等关键核心技术，加强新能源汽车配套设施建设，完善新能源汽车项目和产品准入标准，大力推进新能源汽车应用和产业化；在 2011 年 12 月发布的《工业转型升级规划（2011—2015 年）》中，提出将新能源汽车列为重点产业技术创新工程和"十二五"技术改造专项工程，将新能源汽车作为先进装备制造业发展重点领域，借助国家科技专项计划，掌握核心关键技术，推进试点示范，为新能源汽车发展完善法律保障，提出了到 2015 年新能源汽车销量 50 万辆的具体目标；2012 年 6 月出台的《节能与新能源汽车产业发展规划（2012—2020 年）》是我国第一个专门针对新能源汽车产业发展的纲领性规划文件，顶层引领和指导的意义重大，确定以纯电驱动为新能源汽车发展和汽车产业转型的主要战略方向，系统性提出了产业分阶段发展的时间节点和市场目标，以及在关键零部件等产业技术水平的攻坚目标，以带动产业化初期阶段的新能源汽车产业的发展以及整体汽车产业技术的进步，同时为确保完成规划提出的各项目标任务配套建立了节能与新能源汽车产业发展部际协调机制；2012 年 7 月出台的《"十二五"国家战略性新兴产业发展规划》是新时期战略性新兴产业发展的纲领性文件，文件中进一步提出了新能源汽车产业到 2015 年和 2020 年的发展目标以及拟采取的重大行动和重大政策，将在新能源汽车产业方面进一步发展"纯电驱动"战略，以整车集成为载体、动力系统为核心，重点提升集成技术工程化和规模化能力，突破高功率、高能量和兼顾型动力电池技术、驱动电机及控制系统技术，并按照产业发展阶段需要，重点突破高性能动力电池等关键零部件和材料核心技术。上述国家出台的宏观规划为新能源汽车产业关键核心技术攻克与市场化拓展等提供了顶层指导。

（2）以财政补贴和税收减免作为启动示范推广工作的政策主线，促进新能源汽车产业从技术研发阶段进入市场化拓展初期阶段。2009 年 1 月，《关于开展节能与新能源汽车示范推广试点工作的通知》出台，正式在全国范围内部署节能和新能源汽车示范推广工作，以中央和地方政府财政补贴引导新能源汽车购置，拟在 3 年内推动北京、上海等 13 个试点城市在公共服务领域先行示范运行一部分新能源汽车。同年 2 月出台的《节能与新能源汽车示范推广财政补助资金管理暂行方法》拉开我国新能源汽车产业化发展和政策补贴的序幕；在 2010 年 5 月印发的《关于扩大公共服务领域节能与新能源汽车示范推广有关工作的通知》中，明确提出在首批试点城市基础上，新增天津、海口等 7 个试点城市；同月，《关于开展私人购买新能源汽车补贴试点的通知》出台，标志着上海等 5 个试点城市私人购买新能源汽车可获得财政最高 6 万元的补贴，这成为我国首个鼓励私人购买新能源汽车的补贴政策，自此我国新能源汽车推广由公共领域向私人领域发展。部分试点城市如深圳、合肥、杭州等也制定了地方购置补贴，并在车辆推广、充电设施建设、车辆使用场景等方面出台了一系列奖补政策。2012 年 8 月，《关于扩大混合动力城市公交客车示范推广范围有关工作的通知》出台，提出以公交车为开端，将混合动力公交客车（包括插电式混合动力客车）推广到全国所有城市，并且以节油率、动力电池的类别以及功率划分补助标准；2012 年 9 月，《新能源汽车产业技术创新工程财政奖励资金管理暂行办法》出台，由中央财政安排资金鼓励新能源汽车企业加强自主技术创新，奖励支持方向为全新设计开发的新能源汽车车型及动力电池等关键零部件，奖励支持对象为新能源汽车整车项目和动力电池项目两大类，奖励支持企业应当具有较强的研发能力和产业化基础，提升了新能源汽车产业技术创新能力。2012 年 3 月，《关于节约能源使用新能源车船车船税政策的通知》出台，开启了我国新能源汽车税收减免的先河，规定自 2012 年 1 月 1 日起对使用新能源汽车免征车船税。国家补贴政策和消费税的减免抵消了新能源汽车的消费端成本，掀起了私人购买新能源汽车的热潮，提高了新能源汽车在私人用车市场的市场占有率。

（3）建立了更为清晰、明确的准入管理制度。2009 年 3 月，电动汽车用动力电池标准化工作组成立，承担制修订新能源汽车产业标准和试验方法等工作任务，统筹协调开展新能源汽车产品标准、车用动力电池相关标准等标准体系的研究和制修订；2009 年 6 月出台的《新能源汽车生产企业及产品准入管理规则》，在 2007 年版的基础上详细界定新能源汽车内涵、分类、管理方式和准入条件，提出对不同技术阶段的产品实施差异化管理方式，并从促进汽车产品技术进步、保护生态环境、节约能源资源、实现可持续发展的角度鼓励企业研究开发和生产新能源汽车；2009 年 8 月，《节能与新能源汽车示范推广应用工程推荐车型目录》（第 1 批）出台，第 1 批有 5 个产品型号。至此，我国基本形成了新能源汽车技术标准体系框架和测试评价能力，各项车用技术标准通过评审，为新能源汽车的发展作出了指导和规划。

（4）根据国家宏观规划的战略意图，各部委进一步完善和细化了产业指导方案。2009 年 11 月，《关于实施新兴产业创投计划、开展产业技术研究与开发资金参股设立创业投资基金试点工作的通知》出台，旨在发挥政府资金杠杆作用，引导社会资本投向新能源汽车等新兴战略性产业，促进企业自主创新成果实现产业化。2009 年 12 月，《关于进一步做好金融服务支持重点产业调整和抑制部分产业产能过剩的指导意见》印发，鼓励金融机构将投向重点转向新能源汽车等战略性新兴产业，支持自主创新和创业，促进和推动产业的技术集成、产业集群、要素集约；2010 年 5 月，工信部发布《汽车产业技术进步和技术改造投资方向》将电动汽车及关键零部件项目列为技改资金支持的重点，并对整车及关键零部件的技术进步标准进行了详细规定；在 2011 年 7 月，国家发改委印发《关于鼓励和引导民营企业发展战略性新兴产业的实施意见》中，明确指出要依靠民营企业和民间资本培育和发展新能源汽车等战略性新兴产业，扫除了民营企业和民间资本的参与障碍；同月，《国家"十二五"科学和技术发展规划》出台，将新能源汽车整车技术和关键零部件领域的研发创新提到重要位置，并明确规划建设新能源汽车基础设施、标准体系和检测系统，提出了到 2015 年在 30 个以上城市示范推广、5 个以上城市商业化应用、百万辆保有量、逾千亿产值的具体目标。2011年 9 月，《关于加强节能与新能源汽车示范推广运行安全管理函告》出台，强调了节能与新能源汽车示范推广安全管理和重要意义，并就加强节能与新能源汽车示范运行安全管理提出了安全隐患排查、监控等 11 条具体措施，确保示范推广工作科学、安全发展。2012 年 4 月，科技部将"电动汽车"列为专项计划颁布了《电动汽车科技发展"十二五"专项规划》，明确将坚持"自主创新、重点突破、协调发展"的指导原则，遵循"纯电驱动技术转型、三纵三横战略指导"的技术路线，发展"面向产业升级、面向技术转型、面向科技跨越"的汽车工业；同月，科技部发布《关于征集高新技术发展及产业化领域 2012 年度国家科技计划预备项目的通知》在基础类研究、应用开发和集成示范类中设立 31 个课题方向共 77 个课题支持相关产业化技术的研发，并配套落实中央专项科研经费。在 2012 年 11 月《关于支持科技成果出资入股确认股权的指导意见》中，鼓励民营企业、科技型中小企业通过知识产权质押的方式与银行开展合作，实现知识产权的市场化，建立资本市场支持实体经济发展和推动企业科技创新的长效机制。2012 年 12 月，《关于组织申报 2012 年度新能源汽车产业技术创新工程项目的通知》印发，明确对整车、动力电池和驱动电机企业的全新设计开发由中央财政资金予以补助，截至 2012 年年底，共计 25 个项目列入本年度新能源汽车产业技术创新工程支持项目名单。

在这一时期，我国逐步形成了具有鲜明色彩的选择性产业政策体系。通过国家财政补贴政策，使得新能源汽车的生产端和消费端都降低了成本，在一定程度上追平了与燃油汽车的成本差距，使新能源汽车进入产业化、商业化初期阶段，并通过税收优惠政策加持，使得新能源汽车市场占有率大幅提高。

随着试点范围逐步扩大，政策拉动研发、生产和消费的效应逐步显现，我国新能源汽车市场化进程加快，北京、上海、深圳、江苏、浙江、长株潭等成为新能源汽车集聚区。截至 2012 年年底，《节能与新能源汽车示范推广应用工程推荐车型目录》（以下简称《目录》）涵盖了 97 家汽车企业的 628 个产品型号，共生产 2.48 万辆，其中纯电动汽车 1.33 万辆，常规混合动力汽车 1.04 万辆，插电式混合动力汽车 1000 多辆；截至 2012 年年底，全国试点城市累计示范推广各类节能与新能源汽车 2.7 万辆，中央财政对购买列入《目录》的车辆累计提供车辆购置补贴 57 亿元，主要集中在公交车、出租车、环卫车、邮政车等城市公共运营领域，其中对公领域推广 2.3 万辆，对私领域推广 4000 辆，公共服务领域的非插电式混合动力公交车数量超过 10000 辆，相关基础设施建设也围绕城市公共服务领域展开，累计建成 174 座充（换）电站、8107 个充电桩。

这一阶段示范运营产品以试验车、小批量车居多，产品供给总体不足，并且产业仍面临技术不成熟、产品成本高、市场推广进程迟缓、基础配套设施缺位、产业链发展紊乱、企业投入不足等诸多问题。在产业政策方面，主要以战略性政策为主，缺乏精细化的政策指导，即便针对研发、产业化、推广应用等出台了多项政策，但政策体系不成熟、缺乏统筹协调，且产业政策制定内容以阶段性目标和措施为主，执行方式上以行政手段为主，没有建立起"奖惩分明"的市场化激励手段，同时政策出现了空窗期，导致产业和社会的参与主体参与度和积极性不高，产业内各相关方处于谨慎参与市场活动的情况，导致产业发展降速，政策效果有限。

2. 扩大推广应用时期（2013—2015年）

这一时期，我国新能源汽车进入扩大推广应用阶段。随着不同支持方向的新能源汽车产业政策的陆续出台，初步形成了涵盖补贴支持、税收优惠、技术创新、投资管理、准入管理、配套设施、交通出行等较为全面的政策体系。

（1）国家宏观层面对发展新能源汽车产业进行了准确定位。党的十八大报告首次将"绿色发展、循环发展、低碳发展"作为生态文明建设的着力点，把环境问题提高到国家层面。新能源汽车既是解决我国节能减排的重要载体，也是制造业转型升级的重点。习近平总书记2014年5月24日在上汽集团考察时，表示发展新能源汽车对我国汽车工业实现弯道超车具有重要战略地位，要求企业加大研发，研究市场、用好政策，创新产品，培育强劲的经济增长极。2013年1月，《能源发展"十二五"规划》出台，规划提出要优化能源消费结构，提高非化石能源消费比重，加强新能源汽车供能基础设施建设，在示范推广试点城市配套建设充电桩等设施，建立完善相关标准体系；同年8月，《关于加快发展节能环保产业的意见》提出，要加快技术攻关和示范推广，破解动力电池技术难题，完善上下游产业链和配套设施，积极推进规模化应用，在试点城市扩大推广，增加政府公务用车中新能源汽车占比；同年9月，《大气污染防治行动计划》提出，要在公交、环卫等行业和政府机关先行推广使用新能源汽车，同时为鼓励私人购买新能源汽车，要逐步完善直接上牌、财政补贴等政策措施；按照2013年5月《关于2013年深化经济体制改革重点工作意见的通知》，明确了建立联席会议、专题会议制度继续深化重点领域改革和加强组织领导、统筹协调工作的各项具体要求。同年11月，在新能源汽车产业深化体制机制改革方面，经国务院同意，工信部牵头发改委等20个部门建立了节能与新能源汽车产业发展部际联席会议制度，随后各省市陆续建立相应协调推进机制，通过研究市场推广、扶持政策优化、充换电设施建设、安全监管、产业链保供等议题，统筹各方资源协同推动，协调解决行业发展遇到的瓶颈问题，为产业发展提供了强劲保障。2014年《政府工作报告》将推进新能源汽车产业发展作为节能减排和大气污染防治的重要手段；同年5月印发的《2014—2015年节能减排低碳发展行动方案》将新能源汽车推广应用作为强化交通运输节能降碳的重要组成；同年6月，《能源发展战略行动计划（2014—2020年）》出台，明确提出要积极发展交通燃油替代，并将发展纯电动汽车、混合动力汽车作为重要任务；在2015年《政府工作报告》中，提出要大力调整产业结构，支持发展新能源汽车等战略性新兴产业，推广新能源汽车，治理机动车尾气污染；同年4月印发的《关于加快推进生态文明建设的意见》提出要大力发展新能源汽车，提高创新能力和产业化水平，加强配套设施推广普及，引导消费者购买新能源汽车。

（2）从顶层设计角度构建了我国新能源汽车产业政策体系。2014 年 7 月，《关于加快新能源汽车推广应用的指导意见》出台，首次系统建立了我国新能源汽车发展政策体系，不仅在充电设施建设，商业运营模式创新，公共服务领域、党政机关、企事业单位应用推广，财税、金融、准入、管理等政策完善方面给予大力支持，还要求严格执行国家统一标准，加强市场监管，加大科技攻关支持，并建立新能源汽车工作联席会议制度，协调问题，统筹推进；2015 年 5 月，《中国制造 2025》提出要推动新能源汽车同国际先进水平接轨，从技术路线、核心零部件、自主品牌等方面为新能源汽车的发展明确了方向和目标，同时将智能网联汽车列入国家重点发展领域，进一步表明国家推进电子信息产业与新能源汽车产业融合发展的战略导向。此后《〈中国制造2025〉规划系列解读之推动节能与新能源汽车发展》和《〈中国制造 2025〉重点领域技术路线图（2015 年版）》对新能源汽车产业分别在 2020 年、2025 年、2030 年的总体目标及重点产品、关键零部件、共性技术发展方面提出了明确目标和发展规划。

（3）以财政政策为主线继续大力开展新能源汽车推广示范工程。2013 年 9 月，随着《关于继续开展新能源汽车推广应用工作的通知》的出台，开启了新一轮的推广应用，要求 2013—2015 年按照城市发展规模设置新能源汽车推广数量目标和比例，重点依托城市和存在大气污染的地区推广应用新能源汽车，继续以财政补贴的方式鼓励消费者购买新能源汽车，并对补贴标准进行了调整和优化，明确和细化了补贴范围、补贴对象、资金拨付、补助标准。一是纯电动乘用车按续航里程进行补贴，80 ~ 150km 里程补贴 3.5 万元、150 ~ 250km 里程补贴 5 万元、里程超过 250 公里补贴 6 万元；二是按照车身长度进行补贴，6 米以上的纯电动客车最多可获得 50 万元补贴；三是按照电池容量进行补贴，对纯电动专用车（主要为邮政、物流、环卫等），每辆补贴最高不超过 15 万元；四是按照燃料电池汽车车型进行补贴，对乘用车每辆补贴 20 万元，对商用车每辆补贴 50 万元。2013 年 11 月和 2014 年 1 月，两批次新能源汽车推广应用城市和区域陆续确定公布，覆盖北京、天津等 29 个城市（地区）以及河北省、浙江省等 10 个城市群，新一轮推广应用工作进一步扩大了推广试点的容量，共计 88 个城市。在财政补贴政策推动新能源汽车应用市场初步形成后，国家层面提出了补贴政策的逐渐退出。2014 年 1 月，《关于进一步做好新能源汽车推广应用工作的通知》印发，提到自 2014 年 1 月 1 日起对新能源汽车补贴标准依年递减，就此补贴退坡拉开序幕；国家在综合考虑生产成本、规模效应、技术进步等因素逐步退坡后，2015 年 4 月，《关于 2016—2020 年新能源汽车推广应用财政支持政策的通知》出台，提出将以 2016 年补助标准为基数，剩余四年补贴标准逐步下降，前两年下降 20%，后两年下降 40%。

（4）以政府公务用车和城市公共交通领域为着力点引导市场需求和发挥示范效应。

在政府公务车方面，随着 2014 年 6 月《政府机关及公共机构购买新能源汽车实施方案》的颁布，中央国家机关以及试点城市的政府机关和公共机构 2014 年至 2016 年每年购买的新能源汽车占当年配备更新总量的比例不得低于 30%，以后逐年提高；对于其他政府机关及公共机构，要求 2014 年至 2016 年分别不低于 10%、20%、30%，以后逐年提高。2015 年 9 月 29 日，李克强总理召开国务院常务委员会，会议认为新能源汽车发展具有重要意义，会议决定要完善扶持政策，机关企事业单位要更换新能源汽车，破除新能源汽车限行限购等地方保护壁垒。在城市公共交通方面，2014 年 5 月，《2014—2015 年节能减排科技专项行动方案》出台，提出要强化交通运输节能降碳，加大新能源汽车推广应用力度；同年 9 月，为解决京津冀协同治理大气污染，《京津冀公交等公共服务领域新能源汽车推广工作方案（2014—2015 年）》印发出台，提出在城市公交和出租车实现两年推广 2 万辆的目标，并实施区域联合推广；2014 年 10 月，《加强"车油路"统筹加快推进机动车污染综合防治方案》印发出台，强调要加快推广新能源汽车，提出减少城市公交车燃油补贴和增加新能源公交车运营补贴、破除限行限购等地方保护壁垒、研究减免过路过桥和停车费、加快停车场充电设施建设等相关措施；在 2015 年 3 月出台的《关于加快推进新能源汽车在交通运输行业推广应用的实施意见》中，提出了五年后的推广目标，即在城市交通运输领域推广量达 30 万辆以上，并在规划引领、组织实施、技术选型等 8 个方面明确了具体任务，在组织领导、规范建设、技术人才保障等 6 个方面加强了保障。

（5）为进一步提高消费者对新能源汽车的接受度，国家相继出台了以减免车船税、购置税、关键进口零部件关税为主的税收优惠政策。在车辆购置税方面，2014 年 7 月 9 日国务院常务委员会决定对新能源汽车免征车辆购置税，同年 8 月《关于免征新能源汽车车辆购置税的公告》发布，从税收角度加大了对产业发展的支持，公告指出自 2014 年 9 月 1 日至 2017 年底免征纯电动汽车、插电式混合动力汽车和燃料电池汽车的车辆购置税，并由国家税务总局动态调整《免征车辆购置税的新能源汽车车型目录》。在车船税方面，2015 年 5 月，《关于节约能源使用新能源车船车船税优惠政策的通知》出台，对使用新能源汽车（含纯电动商用车、插电式混合动力汽车、燃料电池商用车）免征车船税，并不定期发布符合免征新能源汽车车型；2015 年 12 月，《车船税管理规程（试行）》印发，要求税务机关、保险机构、代征单位应当严格执行《关于节约能源使用新能源车船车船税优惠政策的通知》，对不属于车船税征收范围的电动乘用车和燃料电池乘用车，在获取信息判断后及时退税。在关税优惠方面，2014 年 12 月，《2015 年关税实施方案》印发，根据中韩、中澳自由贸易协定，对进口的电池隔膜、蓄电池及电池组、集成电路处理器及控制器等新能源汽车零部件实行协定税率，直接降低了生产企业的成本。

（6）在基础设施保障方面加速完善相关政策。在 2014—2015 年，国家层面出台一系列政策支持充电设施建设及电价扶持，为新能源汽车使用解决了后顾之忧。在 2014 年 7 月出台的《关于加快新能源汽车推广应用的指导意见》中，对充电设施的技术标准进行了明确，并鼓励相应的技术难点攻关，同时要求在城市规划中将充电设施纳入其中，为新能源车的使用创造良好环境。为配合该文件的实施，紧接着 8 月出台了《关于电动汽车用电价格政策有关问题的通知》，对新能源车用电价格及换电服务费等进行财政补贴，全方位降低新能源车的使用成本。在基础设施建设方面，同样给予大力支持和引导，在 2014 年 11 月发布的《关于新能源汽车充电设施建设奖励的通知》中，提出了为加快充电设施建设，更好地服务新能源产业的发展需要，要对基础设施建设成效突出且无地方保护的示范推广地区予以奖励，并规定奖励资金只能用于设施建设升级改造等，不得用于购置补贴。2015 年 9 月，关于新能源汽车充电设施建设的重要指导文件《关于加快电动汽车充电基础设施建设的指导意见》出台，提出到 2020 年要建成满足 500 万辆电动汽车充电需求的基础设施。同年 10 月，具有方案操作性的指南文件《电动汽车充电基础设施发展指南（2015—2020 年）》正式对外发布，在总体目标的基础上细化了分区域和分场所建设目标，提出了推动充电基础设施体系建设、加强配套电网保障能力等 5 项重点任务和 14 项具体任务，并在规划指导、用地支持、规划建设审批等 11 个具体方面给予了保障支持。

在 2013—2015 年第二轮推广应用工作中，我国新能源汽车累计销售 42.35 万辆，特别是 2015 年产量爆发式增长至 34.05 万辆，同比增长 330%；销量 33.11 万辆，同比增长 340%。我国一跃成为新能源汽车全球最大的产销市场，市场规模在政策推广下保持高速增长。

随着我国两轮新能源汽车推广示范应用工作落幕，新能源汽车产业政策得到强化，并形成一定特色的选择性产业政策体系，在特定领域、特定技术路线、特定产品、特定企业的政策引导和扶持过程中，更加倾向产业的创新驱动发展和新兴技术在经济发展中的应用，初步显现功能性产业政策的效果，政策引领作用非常明显。市场规划与制度法规通过对发展目标的支持，为新能源汽车行业的发展提供了适宜的土壤，并在制度建立、关键技术、工艺产品、产业服务的迭代升级方面，客观上加速了技术的突破、产品的丰富和市场的形成。

（四）新能源汽车产业政策的调整阶段（2016—2020 年）

这一时期，我国经济发展从高速增长阶段转向高质量发展阶段，建立了以供给侧结构性改革为主线的政策体系，政府和企业行为均发生了积极变化，更多地运用市场化、法治化手段创造促进公平竞争的制度环境。新能源汽车经过两轮示范推广工作，产业化步伐加快，技术水平快速提升，产品成本不断下降，市场规模快速扩大，进入新的产业发展阶段。在产业政策体系方面需要更加突出"扶优扶强"政策引导作用，向市场驱动转变，不断扩大新能源汽车对内、对外开放程度，我国新能源汽车产业由"以政策驱动为主"向"以市场选择为主、政策扶持为辅"的新格局转变。

（1）在高质量发展的大背景下，新能源汽车是带动汽车行业转型升级的关键所在。2016年11月，《"十三五"国家战略性新兴产业发展规划》出台，该规划指出要加快发展壮大新能源汽车等战略性新兴产业；在2017年4月出台的《汽车发展中长期发展规划》中，指出要做大做强中国品牌汽车，引领产业转型升级；2020年11月，《新能源汽车发展规划（2021—2035年）》出台，这是一次升级版的全方位的战略规划，从创新能力、基础设施建设、产业生态等角度支持新能源汽车产业加快发展步伐，力争进入世界汽车强国行列，形成市场竞争优势；为配合政策实施，2020年10月，《节能与新能源汽车技术路线图2.0》发布，科学规划了新能源汽车发展技术路线图。

（2）推动新能源汽车消费不仅是国家刺激消费的重要举措，也是提升居民绿色出行的重要抓手。为进一步优化居民汽车消费结构，2018年9月，《关于完善促进消费体制机制进一步激发居民消费能力的若干意见》颁布出台，提出要建立多元化新能源汽车产品的供给体系，推动居民形成绿色消费理念；同月，《完善促进消费体制机制实施方案（2018—2020年）》出台，指出在现有税收优惠政策基础上，完善积分管理制度，探索碳配额交易制度，规范新能源汽车相关设施标准，借助互联网提高智能充电水平，进一步推动智能汽车创新发展，带动汽车消费优化升级；2019年1月，《进一步优化供给推动消费平稳增长促进形成强大国内市场的实施方案》提出，以扶优扶强为导向，落实新能源汽车差别化通行管理政策，鼓励将引导汽车产业转型升级同满足居民消费升级需要结合起来；2019年6月，《推动重点消费品更新升级畅通资源循环利用实施方案（2019—2020年）》指出，要进一步优化市场供给，加强多领域企业协同合作，配套建设充电设施，通过不限行不限购等方式激发消费活力；2020年3月，国务院常务会议确定三项汽车促消费措施，其中之一是将新能源汽车购置补贴、免征购置税政策延展至2022年年底，在同年4月印发的《关于稳定和扩大汽车消费若干措施的通知》中，规定延续购置补贴政策和相关税收优惠政策，并鼓励新能源汽车广泛应用于公共交通等领域；2020年7月，《关于开展新能源汽车下乡活动的通知》发布，要求组织开展"1+4+X"新能源汽车下乡活动，确定了由地方政府发布支持新能源汽车下乡有关政策，要求深度挖掘农村消费潜力，引导产业向农村市场聚焦，主动拓展需求市场。

（3）财政补贴政策与产业发展阶段充分匹配，建立动态调整机制，通过主要技术成本变化和全球产业发展情况等作为政策调整依据，形成了从普惠制向"扶优扶强"转变，主要表现为坚持稳定退坡、强化监督管理，产业呈现政府逐渐让步于市场。虽然财政补贴政策极大地推动了新能源汽车产业发展，但是在产业示范推广时期也出现了"骗补"情况，各部委结合政策漏洞完善了补贴政策的调整思路，主要体现为补贴资金的申报、审核和发放更加严格，发放方式由预先拨付改为事后拨付。2016 年 12月发布的《关于调整新能源汽车推广应用财政补贴政策的通知》指出要通过动态调整产品准入门槛、完善和改进补贴标准及资金拨付方式等进行政策调整，以适应新能源汽车产业发展，还明确规定了不同技术产品的差异化补贴方案。例如，能量密度低于90Wh/kg 的车不能享受财政补贴，能量密度高于 120Wh/kg 的纯电动车按中央财政补贴标准的 1.1 倍给予补贴。此外，在补贴额度方面，要求地方补贴不超过中央补贴的一半；在补贴标准方面，以现行标准为基础，对于 2019—2020 年各类车型（不含燃料电池汽车）的补贴标准及上限，中央及地方均退坡 20%；2018 年 2 月，《关于调整完善新能源汽车推广应用财政补贴政策的通知》要求在现有补贴基本框架的基础上，提高了新能源汽车整车能耗要求以及动力电池系统能量密度的门槛，按照动力电池能量密度将纯电动乘用车补贴标准由三档调为五档，最高补贴不降反升，表明了国家鼓励发展长续航里程、高能量密度、低能耗技术新能源汽车发展的态度；2019 年 3 月，《进一步完善新能源汽车推广应用财政补贴政策的通告》指出要优化技术指标，坚持"扶优扶强"导向，国家补贴减半的同时分档区间由 5 档变为 2 档，取消新能源汽车地方补贴（新能源公交车除外），分阶段释放压力修改补贴，先行拨付一部分以降低车企资金压力，并规定了在 3 月 26 日至 6 月 25 日过渡期间新能源汽车上牌车辆的补贴要求和补贴标准；2020 年 3 月 31 日召开的国务院常委会议决定将新能源汽车购置补贴和免征购置税政策延长 2 年；同年 4 月，《关于完善新能源汽车推广应用财政补贴政策的通知》发布，规定延长政策实施期限至 2022 年年底，补贴标准按照每年 10%退坡，在公共交通等领域为进一步加快新能源汽车的覆盖率保持 2020 年补贴标准不变；在 2020 年 12 月印发的《关于进一步完善新能源汽车推广应用财政补贴政策的通知》中，明确要求 2021 年新能源汽车补贴标准在 2020 年基础上退坡 20%，在公共交通领域补贴标准在 2020 年基础上退坡 10%。短期补贴政策趋严，新能源汽车企业的发展面临补贴滑坡，企业运营压力增大。但从长期来看，这些政策在引导着整个行业走向"市场化"，国家补贴政策的趋严倒逼车企在技术上进行突破，增强产品技术竞争力。

（4）逐步完善双积分政策，为我国新能源汽车产业中长期发展提供了政策支撑，并形成了市场化发展的长效机制。我国新能源汽车发展虽然已经步入稳定成长期，但在补助政策的逐步退坡甚至取消的调控趋势下，亟须建立一个合理的独立于补贴之外且以市场机制为基础的长效机制，以调动传统汽车产业优势与资源生产新能源汽车，从而抑制高油耗燃油车的生产。2016 年 3 月，《全国碳排放权交易管理条例（送审稿）》

创造性地提出，拟通过建立规范化的市场交易，促进新能源汽车协调发展的市场化机制形成，并在排放配额方面，为鼓励新能源汽车生产对重点汽车生产企业实行碳排放权配额管理，通过积分合规性倒逼企业加快新能源汽车布局。2017年9月，《乘用车企业平均燃料消耗量与新能源汽车积分并行管理办法》规定，对在中国境内销售乘用车的企业的油耗积分和新能源积分实行并行管理，汽车制造商需通过降低燃油消耗获得正积分，在此基础上必须保证新能源汽车的销量以获得足够的新能源积分。一旦汽车制造商新能源积分不足，将会被直接限制出售燃油车型；2019年7月9日和9月11日，工信部两次对2021—2023年双积分政策公开向社会征求意见，并于2020年6月正式发布，一是公布了2021—2023年新能源汽车积分的比例要求，并修改了不同车型的积分计算方法；二是加大了对传统燃油车的节能引导措施；三是建立了正积分结转的关联机制；四是通过扩大新能源汽车企业的关联认定范围，提高了积分转让的灵活性。双积分政策旨在建立扶持新能源汽车发展的长效机制，既能推进传统节能技术的进步，也能体现出国家对新能源汽车的鼓励态度，缓解了补贴资金需求，大幅提升了整车企业生产新能源汽车积极性。

（5）行业管理方面大幅放开政府核准权限，充分体现"简政放权、放管结合、优化服务"的改革要求，尤其是在新能源汽车产业生产经营和投资项目方面下放审核权，加速产业高端化、服务化发展。一是持续优化调整企业及产品准入管理，优化行政管理程序，营造良好营商环境。2017年1月，《新能源汽车生产企业及产品准入管理规定》发布，明确了生产企业及产品的准入条件，规定企业要建立产品运行安全检测制度，通过生产一致性统一监督检查措施，审批程序也更加透明化和便捷化；在2018年12月出台的《道路机动车辆生产企业及产品准入管理办法》以及2019年1月出台的《道路机动车生产企业准入审查要求》和《道路机动车辆产品准入审查要求》中，明确表示鼓励企业间产能合作，激发市场活力，简化企业申报流程，给予企业更多内部决策的权利，提高对企业研发能力和产品一致性的审查要求，提出了对生产企业动力电池回收能力的要求。二是不断加大新能源汽车及相关零部件领域对外开放力度。在2016年12月的《政府核准的投资项目目录（2016年本）》中，提出最大限度地缩小核准范围，并要求省级政府管理部门完善相关管理办法，在下放核准权限、充分发挥市场作用的基础上，通过精细化制度强化配套制度建设，以实现新能源汽车产业的有效投资和创新活力；同月，《外商投资产业指导目录（修订稿）》发布，明确在鼓励类中开放了电池企业股比限制，外资企业可以在国内参与电池的独资生产；2017年6月，《自由贸易试验区外商投资准入特别管理措施（负面清单）》印发出台，不再要求新建纯电动乘用车的生产企业必须拥有自主产权才能生产产品；同月，《外商投资产业指导目录（2017年修订）》公布，对外商投资实行"准入前国民待遇＋负面清单"的管理模式，对于负面清单之外的领域，原则上不实行限制性措施，并解除了纯电动汽车合资企业的数量限制；2018年8月发布的《外商投资准入特别管理措施（负面清单）（2018年版）》与以往相比，市场准入门槛和标准下降较多，在汽车领域规定2018年取消新能源汽车整车制造外资股比限制。特斯拉品牌于2019年1月在华工厂正式动工建设，2020年1月1日在上海正式投产Model-3车型，并在当年成为纯电动乘用车销量第一的车型；2019年6月的《鼓励外商投资产业目录（2019年版）》重点鼓励外资参与制造业高质量发展，汽车领域的鼓励目录从2017版的4项增加到6项，新增鼓励新能源汽车关键零部件制造和研发，更新和提升了零部件和材料性能指标；2019年11月的《产业结构调整指导目录（2019年本）》加强了对相关政策的衔接，着力推进产业高端化、绿色化、服务化发展，重点强化新能源与智能汽车相关技术和产品支持力度。

（6）加大研发新能源汽车卡脖子技术，尤其是对智能驱动、信息处理、动力控制等技术攻坚进行系统部署。为加快新能源汽车技术攻关，"新能源汽车"专项、技改专项等国家重点研发计划陆续开启，"十三五"期间累计投资27亿元财政资金。2016年5月，《关于实施制造业升级改造重大项目包的通知》要求将新能源汽车纳入高端装备发展重大工程，强调围绕整车控制、动力结构、纯电驱动、系统集成等方面开展重点开发；为落实《国家"十三五"规划纲要》和《国家创新驱动发展战略纲要》，2016年7月，《"十三五"国家科技创新规划》出台，对2020年我国新能源汽车领域做出了系统谋划和前瞻布局，将"纯电驱动"作为新能源汽车发展方向，并融入互联网、人工智能以及新材料技术，使新能源汽车向智能、网联、轻量化发展；为加快汽车转型升级，2016年10月，《产业技术创新能力发展规划（2016—2020年）》出台，将新能源汽车产业列为重点方向之一，并提出对技术研发路径、核心零部件、智能制造、轻量化材料、车机系统的优化设计要求，建立完整的工业体系和创新体系，保障从关键零部件到整车的完整性、系统性和创新性；2017年2月，《促进汽车动力电池产业发展行动方案》发布，提出了到2018年、2020年、2025年动力电池在能量密度、安全性能、行业规模等方面要达到的目标。

（7）税收政策延续消费税、车辆购置税、车船税减免政策。2019年6月的《关于继续执行的车辆购置税优惠政策的公告》规定，购置新能源汽车继续免征车辆购置税，一直持续到2020年年底前；2020年4月，《关于新能源汽车免征车辆购置税有关政策的公告》发布，明确自2021年年初至2022年年末免征新能源汽车车辆购置税；2020年7月，《关于进一步优化营商环境更好服务市场主体的实施意见》印发出台，指出要加快新能源汽车税收优惠政策车型目录的更新频次，企业根据产品公告即可享受相关税收减免政策。

此外，在安全监管、充电设施、电池回收利用等方面，相关政策逐步出台，全产业链政策体系初步成型。2016 年 1 月，《关于"十三五"新能源汽车充电基础设施奖励政策及加强新能源汽车推广应用的通知》明确指出未来五年期间，对充电基础设施建设、运营及升级等，中央财政将继续给予奖补；为规范行业发展，推进资源综合利用，在 2018 年 7 月出台的《新能源汽车动力蓄电池回收利用溯源管理暂行规定》中，明确了动力蓄电池的设计、生产及回收责任，并要求建立溯源信息系统，对动力蓄电池全过程生产和使用周期进行网上管理，通过数据采集，实现全流程动态监测；2016 年 11 月，《关于进一步做好新能源汽车推广应用安全监管工作的通知》印发，明确规定应将已完成销售的车辆纳入国家新能源汽车监管平台，对车辆进行实时监控，强化运行安全；在金融支持方面，2016 年 2 月和 2017 年 10 月分别发布《关于金融支持工业稳增长调结构增效益的若干意见》和《汽车贷款管理办法》，金融机构放宽了新能源汽车贷款业务的首付要求，提高了车贷最高发放比例，其中，自用 85%、商用 75%、二手车 70%；公安部在 2016 年 12 月和 2017 年 11 月开启两轮新能源汽车专用号牌试点后，于 2018 年正式在全国范围推广，落实新能源汽车"不限行"等差异化便利政策。

这一时期，新能源汽车产业的发展形势发生了巨大变化。"骗补"事件发生后，我国对新能源汽车产业政策体系进行了大幅改革，针对产业发展阶段，开始关注和引导产业高质量发展，政策体系更聚焦于向产业管理机制转变，向精准度、合理性方面升级，陆续出台了包括战略规划、促销费、投资准入、财政补贴、税收优惠、积分管理等支持政策，在强调战略和规划引导的同时逐渐削减"政府主导"的特征，更多地引入功能性产业政策，从重视购置补贴到支持购买、运营、充电基础设施建设等，形成了较为完善的产业政策体系，并且完成了产业政策从普惠制向扶优扶强的转型。随着产业化市场化进程加速，逐渐建立起长效机制并取消短期的行政行为，让政策逐步让位于市场，较好地把握了产业升级与政策转换的衔接，不干扰市场的经营活动，从而奠定了我国新能源汽车在全球的领先发展地位。截至 2020 年年底，我国已基本建立结构完整、自主可控的产业体系，培育出一批有旺盛生命力和活力的新能源汽车产业链企业，遍布基础材料、电池、电机、整车、生产装备等产业链上下游，形成了华北、华中、长三角、珠三角、西南几个产业聚集区，产品技术水平迈入世界先进行列，自主品牌开始向上发展，形成了全球辐射面积最大、服务车辆最全的充换电服务保障体系，产业进入发展快车道，技术、人才、资本等相关领域资源向我国加速聚集，资源聚集的洼地效应已经出现，并呈现电动化、网联化、智能化融合发展的新趋势。

（五）新能源汽车产业政策的完善阶段（2021 年至今）

自 2021 年以来，我国新能源汽车产业内外部发展环境发生了较大变化。一方面，市场高速增长、新技术新模式层出不穷、跨界融合持续深入；另一方面，国际竞争持续加剧、原材料价格上涨、芯片短缺、网络安全与数据安全等问题日益凸显。我国新能源汽车在内外部环境约束下，在市场准入和"双积分"政策的规制下，产业竞争环境趋于公平开放。总体上来看，我国新能源汽车产业进入快速普及应用和初步市场化发展阶段。

（1）碳达峰、碳中和目标影响新能源汽车政策体系和产业发展。2020年9月22日，在第75届联合国大会上，习近平总书记首次宣布碳达峰、碳中和目标。2020年11月发布的《中共中央关于制定国民经济和社会发展第十四个五年规划和二〇三五年远景目标的建议》提出要加快推动绿色低碳发展，支持有条件地区制定碳达峰行动方案。随后《关于完整准确全面贯彻新发展理念做好碳达峰碳中和工作的意见》和《2030年前碳达峰行动方案》陆续发布，聚焦"十四五"和"十五五"两个碳达峰关键期，对碳达峰、碳中和工作进行系统谋划和总体部署，并从加快构建清洁低碳安全高效能源体系、加快推进低碳交通运输体系建设等10个方面提出31项重点任务，均提出要大力推广新能源汽车。《2030年前碳达峰行动方案》明确提出在新车产销和汽车保有量方面要逐步减少传统燃油车，要持续大力推广新能源汽车并扩大在城市公共服务领域的市场占有率，设定到2030年当年新增新能源、清洁能源动力的交通工具比例达40%左右的目标，要求进一步加快汽车行业电动化转型进程；2021年12月，中央经济工作会议将"做好碳达峰、碳中和工作"作为八大重点任务之一，这对我国新能源汽车市场化和产业化发展提出了更高的要求，必须加快普及进程。

（2）随着新能源汽车智能化属性逐步加深，网络安全和数据安全受到政策聚焦。2021年以来，新能源汽车整车企业加快产品智能化功能的发展和应用，但部分智能驾驶、远程控制等功能失控，引起国家对智能驾驶汽车网络安全和数据安全问题的关注。为了规范智能网联汽车产业发展，加强网络安全、数据安全、软件升级等管理，2021年3月智能网联汽车推进组成立，其目的是打通产学研用各环节，下设6个专项小组，加快占领未来汽车产业发展的战略制高点，加速技术演进迭代和产业布局，全面增强我国新能源汽车的市场竞争力；2021年7月发布的《智能网联汽车道路测试与示范应用管理规范（试行）》标志着智能网联汽车开始进入应用阶段；随后国家层面陆续发布《车联网（智能网联汽车）网络安全标准体系建设指南》（征求意见稿）（2021年6月）、《关于加强智能网联汽车生产企业及产品准入管理的意见》（2021年8月）、《汽车数据安全管理若干规定（试行）》（2021年8月）、《关于加强车联网网络安全和数据安全工作的通知》（2021年9月）、《车联网网络安全和数据安全标准体系建设指南》（2022年3月）、《关于试行汽车安全沙盒监管制度的公告》（2022年4月）、《关于开展汽车软件在线升级备案的通知》（2022年4月）等政策标准法规和监管文件。

（3）政策体系不断完善，产业服务功能凸显。在财政补贴方面，2021 年 12 月，《关于 2022 年新能源汽车推广应用财政补贴政策的通知》印发出台，国家层面延续了购置补贴政策适用期至 2022 年 12 月 31 日；在保险服务方面，2021 年 12 月《新能源汽车商业保险专属条款（试行）》出台，此条款专门为新能源汽车设置，包括 3 个主险和 13 个附加险，更加符合新能源汽车产业发展需求；在基础设施建设方面，2022 年 1 月，《关于进一步提升电动汽车充电基础设施服务保障能力的实施意见》出台，明确指出到"十四五"末我国能够满足超过 2000 万辆电动汽车的充电需求；在行业管理方面，2022 年 4 月，《关于进一步加强新能源汽车企业安全体系建设的指导意见》印发，从产品设计、供应商管理、生产质量管控、动力电池安全等方面，全方位明确了新能源汽车企业责任；在换电试点推广方面，2021 年 11 月，工信部启动新能源汽车换电模式应用试点工作，北京等 11 个城市获批，并将试点城市划分为 8 个综合应用类城市和 3 个重卡特色类城市；2023 年 1 月，《关于组织开展公共领域车辆全面电动化先行区试点工作的通知》明确提出加快推进公共领域车辆实现全面电动化，支持新能源汽车换电、融资租赁、车电分离等商业模式创新等，并提出三个目标：一是城市公共领域新能源汽车覆盖率力争达 80%；二是对基础设施建设超前建设，公共领域新增车桩按照 1∶1 完善，高速服务区电位占比最低 10%；三是建立智慧交通，实现车辆与新技术新模式的融合。

这一时期，我国新能源汽车产业发展进入新阶段，并成为推动全球汽车产业电动化转型的重要力量，从以电动化为核心的发展阶段向以智能化融合发展为核心的阶段转移，产业竞争的重点主要集中在电动化、智能化、网联化领域，先进电子元器构、车载操作系统等相关核心技术和产品成为新能源汽车产业发展关注的重点，也是现今阶段研发和创新的方向。在国家经济高质量发展的背景下，宏观政策导向上将更加侧重技术创新和产业融合，在加强技术创新和标准体系建设、促进产业升级和提高竞争力的同时培育产业的发展动能，力争未来在关键领域实现超越和引领。在"碳达峰、碳中和"目标引领下，我国新能源汽车自主品牌可与跨国企业同场竞技，智能辅助驾驶功能加速普及，开始参与到全球竞争中。2021—2022 年，我国新能源汽车实现大幅增长，呈现市场规模、发展质量双提升的良好局面，分别实现新能源汽车销售 352.1 万辆、688.7 万辆，渗透率达 13.4%、25.6%，2022 年新能源汽车渗透率超过 20%，市场化效应初步形成，产业发展迈上了规模化的快车道。同时，2022 年 12 月 31 日，我国新能源汽车财政补贴政策正式取消，双积分政策将作为主要政策驱动因素，配合相关配套政策继续在产业的研发、生产、销售、使用、基础设施建设等方面给予支持，帮助产业顺利进入"补贴政策退出、市场化为主导"的产业发展新阶段。

二、我国新能源汽车产业政策的成效

通过对我国新能源汽车产业政策体系阶段性梳理和总结，发现随着产业发展的各个阶段，产业政策呈现不同特征，并与产业发展形成动态调整的良性互动。笔者将细化的五个新能源汽车产业政策历史演进阶段综合概括为三大阶段：第一阶段为新能源汽车产业政策的萌芽阶段和引导阶段，产业政策主要以重大专项为依托促进产业技术开发，产业初步完成技术培育和战略规划布局，实现动力电池等关键零部件性能快速提升；第二阶段为新能源汽车产业政策的丰富阶段，明确制定了产业宏观战略规划，产业政策充分发挥财政补贴政策的导向性作用，经过两轮示范推广工作大力推动新能源汽车在城市公交及基础服务领域普及，并在一定程度上带动私人乘用车领域发展，推进产业进入发展期；第三阶段为新能源汽车产业政策的调整阶段和完善阶段，产业政策干预减弱，更趋于推进产业市场化过渡，财政补贴政策逐年退坡，同时制定以"双积分"为长效机制的政策体系，双重作用下保障了产业快速成长，实现"政策＋市场"双驱动和市场化推广的特征。我国新能源汽车产业政策在动态调整的过程中持续丰富完善，推动新能源汽车产业的快速发展，逐步健全新能源汽车产业生态体系，不断扩大其市场规模，大幅提升了产业技术水平，改善了基础配套环境，增强了国际竞争力，在全球汽车产业电动化进程中取得一定领先优势。

（一）我国新能源汽车产业政策逐步健全完善

我国新能源汽车产业顶层设计日趋完善，构建了逐步健全完善的政策体系，为产业发展搭建了良好的政策环境，有效推动了新能源汽车产业发展壮大。

（1）顶层搭建产业发展的组织协同机制。为深入实施发展新能源汽车国家战略，按照2013年5月出台《关于2013年深化经济体制改革重点工作意见的通知》的要求，于11月由国务院批准、各部委协同参加的"节能与新能源汽车产业发展部际联席会议制度"，落实了我国新能源汽车产业行政机构最高层次的组织框架和决策机制。伴随职能管理部门的组织形态变化，对产业规划、发展政策、行业标准、科技研发、市场准入、产品质量等内容进行更为细致的研究，进一步加强了产业政策制定中各部门的指导作用。通过不断修订完善产业政策，以及要求地方政府配套做好促进产业发展的协作机制，搭建了"中央部委协同研究、央地政府协作配合"的工作推进机制，提高了政策实施的时效性和落地性，对推动中国新能源汽车的发展起到了重要的积极作用。

（2）顶层确立新能源汽车产业的发展规划。我国于2007年选择新能源汽车作为振兴汽车产业的国家战略，并于2010年将新能源汽车列为七大战略性新兴产业之一。自国务院发布《节能与新能源汽车产业发展规划（2012—2020年）》后，我国新能源汽车产业发展在工业、能源、交通、节能、减排等国民经济诸多领域发生深刻变化。通过一系列相关政策的出台，推动新能源汽车产业的高质量发展。在产业政策的推动下，新能源汽车产业整体发展水平显著提升、产业体系日益完善、核心竞争力大幅提高、具有国际竞争力的自主品牌头部企业逐渐崛起，发展方式逐渐从野蛮生长回归理性，整体产业及相关产业发展正在从以政策驱动为主导，逐渐向以市场需求拉动为主导的发展阶段转型，呈现新的发展气象和业态。

（3）构建了覆盖新能源汽车生命周期的政策框架。我国新能源汽车产业政策体系从战略规划、技术研发、投资生产、消费使用等环节重塑了整个汽车产业生态。以《节能与新能源汽车产业发展规划（2012—2020年）》为起点，正式明确了我国新能源汽车以发展纯电驱动为主要技术路线，随后《关于加快新能源汽车推广应用的指导意见》提出27条政策保障措施，明确制定产业政策着力点、完善政策体系；"八五"规划启动电动汽车相关研究和开发，"863计划"启动电动汽车重大科技专项，"十五"规划至"十二五"规划启动节能与新能源汽车重大项目，"新能源汽车产业技术创新工程"（2012—2016年）和"十三五"以来国家重点研发计划"新能源汽车"重点专项启动，持续的政策指导促进了新能源汽车产业的技术研发；通过《新建纯电动乘用车企业管理规定》《关于完善汽车投资项目管理的意见》《新能源汽车生产企业及产品准入管理规定》《汽车产业投资管理规定》等文件的颁布，规范了产业投资行为和企业准入管理的制度准则，建立了促进节能与新能源汽车协调发展的市场化机制，对全国范围内新能源乘用车企业同时实施 CAFC 管理和 NEV 双积分管理，建立了产业长效发展机制；通过新能源汽车购置补贴、减免新能源汽车车船税、购置税，以及为完善充电基础设施布局搭建了涵盖建设规划、补能优惠、政府补助、网联互通的支持政策，极大地促进了新能源汽车产业的发展；优化车辆使用环境的同时兼顾产业运行安全监管，加强了新能源汽车安全隐患排查治理、召回和报废回收管理工作，建立健全安全保障体系。

（4）建立与产业发展阶段相适应的动态调整机制。在新能源汽车发展初期，产业基础相对薄弱，自 2009 年起中央及地方为公共领域服务部门、私人消费者提供购置补贴，缩小了新能源汽车与传统燃油车的成本差距，为新能源汽车打开了初级消费市场；随着产业技术的提高和规模的扩大，逐年降低补贴金额、提高补贴门槛，将补贴标准与产品技术水平挂钩，推动企业加快技术创新，带动核心技术不断进步，加快了产业由政策驱动向市场驱动的转型进程；制定新能源汽车生产企业及产品准入管理政策，加强行业管理，在车辆分类、生产资格、企业及产品准入管理方法上进行详细部署，并不断结合产业发展带来的新需求，简政放权、放管结合；为引导企业持续加大研发投入，创新实施 CAFC 和 NEV 积分并行管理方法，保障新能源汽车生产供给；

随着产业规模不断扩大，充电基础设施主要矛盾由总体数量不足，向分布不合理和结构性失衡转变，通过引导居住社区、高速公路、乡镇等重点区域基础设施建设，形成便捷高效的充换电服务网络。

（5）建立了完备的技术标准体系。我国已发布的国家和行业标准涵盖了新能源汽车基础通用、整车、关键零部件、充换电等多个领域，形成了相对完善的新能源汽车标准体系，对新能源汽车产业发展起着重要支撑作用。自 2010 年开始，在工业和信息化部、国家标准化管理委员会的支持和指导下，全国汽车标准化技术委员会开展了中国电动汽车标准体系研究、电动汽车综合标准化工作研究、电动汽车"十二五""十三五""十四五"标准化工作规划研究等活动，形成了一系列电动汽车标准体系研究成果。在整车方面根据不同的电动汽车类型，分别形成了面向电动汽车安全性、动力性、经济性等车辆主要指标或性能的技术标准。针对新能源汽车、智能网联汽车技术不断革新的新形势，以新能源汽车、智能网联汽车为突破口，不断修订完善新能源汽车安全、技术条件、远程管理相关标准，同时加快智能网联汽车车载信息交互、车路协同、信息安全相关标准制定，从保障用户安全和新技术研发应用角度提出了整车级和系统级安全要求，有效支撑新能源汽车高质量发展；在新能源汽车动力电池方面，围绕安全性能、使用寿命、循环利用等方面明确技术参数标准，围绕规范产品生产、统一测试方法、促进技术提升、支撑政府管理方面明确提出要求；在基础设施充换电方面，新兴产品的差异化设计制约着产业发展和对标准化的监管，2015年我国修订充电接口标准，进一步优化充电系统安全性。2021 年我国发布《电动汽车换电安全要求》，成为首个基础通用类国家标准，为我国换电模式的探索发展提供标准和依据。

新能源汽车行业标准、产品标准的制定和发展，不仅为补贴、税收、"双积分"等多项重要政策的实施提供了重要依据，还从整车、关键零部件、配套设施等多个维度保障新能源汽车及配套设施的安全。为持续加强标准体系建设，2021 年 11 月，由全国汽车标准化技术委员会编制了《中国电动汽车标准化工作路线图（第三版）》，完成了新能源汽车"十四五"标准体系和智能网联汽车"十四五"标准体系建设方案，为我国新能源汽车标准化工作提供了纲领性文件。同时，基于新能源汽车领域长期技术积累和标准法规研究成果，我国深入参与国际车辆标准法制定之中，完成多项国际电动汽车技术法规的确立和修订，树立了从传统燃油汽车产业"跟跑者"到新能源汽车产业"领跑者"转变的典型。

（二）政策驱动下我国新能源汽车产业规模逐步扩大

政府注重新能源产业发展的顶层设计，持续完善产业政策、消费政策，制定技术路线图、产品强制性安全要求与消费者权益保护政策。以市场为中心促使产业逐步实现了从无到有、由弱变强的跨越式发展。

（1）我国新能源汽车市场规模实现全球领先。我国通过财政补贴政策的实施，抢先抓住了汽车产业电动化发展的趋势，通过示范试点大力推广逐步挖掘市场潜力，打造产业发展基础，当市场形成一定规模时，政策动态调整在供需两端接连发力。在政策供给端，通过实施双积分政策、制定行业标准、健全监管体系等措施规范产业发展，丰富产品供给。在政策需求端，通过完善产业基础服务、财税优惠等措施培育产业市场，持续优化使用环境，推动新能源汽车技术水平和产品品质显著提升，随着充电基础设施逐步完善，消费市场接受度逐步提升，年销售实现百万辆级规模，产业呈现市场规模、发展质量双提升的良好局面。截至 2022 年年底，我国新能源汽车保有量 1310 万辆，占汽车总保有量的 4.11%，其中 2022 年我国新能源汽车销量为 688.7 万辆，同比增长 93.4%，市场规模连续八年居于世界首位，在全球新能源汽车市场占比大幅提高，市场渗透率达 25.6%，渗透率超过 20% 标志着新能源汽车产业已初步具备规模发展效应，正式进入产业化快速发展的新阶段。同时，2023 年 12 月 31 日，我国新能源汽车财政补贴政策正式取消，双积分政策将作为新能源汽车发展的主要政策驱动因素，配合相关配套政策继续在产业的研发、生产、销售、使用、基础设施建设等方面给予支持，帮助产业顺利进入"补贴政策退出、市场化主导"的产业发展新阶段。

（2）自主品牌产品市场规模和竞争力不断提升。2009—2012 年我国新能源汽车企业主要为转型生产新能源汽车的传统汽车企业，通过"油改电"方式实现产品开发和生产，并形成了以宇通、奇瑞、比亚迪为代表的新能源汽车企业；2014 年后，随着互联网、信息、能源等领域企业跨界进入汽车生产领域，注册成立了蔚来、理想、小鹏等几十家新能源汽车企业。造车新势力企业的加入，使得我国新能源汽车产业进入新的竞争发展阶段。其中，比亚迪、广汽埃安、上汽通用五菱、蔚来、理想、小鹏等企业带动我国新能源汽车市场规模和产业竞争力不断提升，部分企业产品已经实现在海外市场拓展销售。数据显示，2013 年至今，我国现存新能源汽车相关企业数量从约 5100 家跃升至 60.58 万家，自主品牌受到消费者高度认可，市场主体活力激发。截至 2023 年年底，国内新能源乘用车销量前十名企业中，我国自主品牌占比达 79.9%。与燃油车领域相比，自主品牌新能源汽车在各细分市场均取得了巨大的渗透率优势。

（3）新能源汽车产品性能大幅提升。早期我国新能源汽车基本由传统燃油车平台改造开发。2018 年出现首个电动汽车专属平台——长城汽车 ME 平台，截至 2023 年，我国主流新能源汽车企业均开发了电动汽车专属平台。以比亚迪 e 平台为例，至今电动平台已实现"点—线—面"突破，2015 年前完成了平台搭建，实现了纯电汽车三电零部件技术平台化；2016—2020 年完成了 e 平台整车关键系统平台搭建，提升整车竞争力；2021 年之后，完成了整车构架的平台化方案，实现了从"三电零部件—整车关键系统—整车架构"三个层次的平台化，集成程度高，带来整车用户体验提升的同时能耗下降。电动汽车专属平台在产品模块化、轻量化、全线控等方面具有较大技术先进性，对整车动力性、经济性提升明显。2023 年，我国主流纯电动乘用车电耗为12.3kWh/100km，较 2009 年降低了 35% 以上，续航里程由 2009 年的不足 150km 提高到 400km 以上，达到国际先进水平。

（三）政策引导下我国新能源汽车产业结构逐步优化

通过"扶优扶强"的政策导向，以及在技术创新、产品升级、产业链培育等方面构建产业技术创新体系，自主创新能力得到显著提升，产业链关键环节均取得长足进步和良好成效。随着产业融合步伐加快，新能源汽车产业由电动化开始向"网状生态"发散演进，在重组传统汽车产业链条同时串联能源、交通、信息通信等多领域的价值链，互融共生、合作共赢促成产业生态新发展格局。

1. 全球重要的新能源汽车零部件产业基地

我国是目前全球最大的新能源汽车生产国和消费国，并形成了完整的新能源汽车零部件产业链体系。我国动力电池制造设备国产化率已达 90% 以上，其中关键工序的装备国产化率达 80% 以上。国际主要的汽车零部件企业均已在我国设立生产和研发基地。在市场引领作用下，我国动力电池、电机电控等关键零部件产业发展也取得了较大进步。以动力电池的发展为例，2010 年我国动力电池市场被松下、三星、LG 新能源等日韩品牌企业产品占据主要份额，2017 年我国自主品牌宁德时代动力电池装车量跃居全球第一。截至 2023 年年底，全球动力电池装车量 517.9GWh，同比增长71.8%，我国动力电池装车量 294.6GWh，同比增长 90.7%；动力电池装车量排名前十企业中，我国以宁德时代为代表的动力电池国产自主品牌合计占据全球市场份额超过60.4%，宁德时代以动力电池装车量 191.6 GWh，市场占有率为 37%，排名第一；我国新能源汽车动力电池装车量 294.6GWh，同比增长 90.7%，占全球总销量的 56.9%。同时，我国零部件企业也在加速融入全球汽车产业链供应体系，自主品牌深度布局新能源汽车海外市场。

2. 产业发展呈现集群化发展趋势

目前，国内已形成泛长三角、珠三角、京津冀、陕川渝地区等新能源汽车产业集聚区。新能源汽车产业一方面继承了传统汽车产业的工业基础分布，同时随着自主品牌快速发展，对传统汽车产业集群逐步扩张和延伸，产业分布持续向周边扩容。各地依托自身发展基础及禀赋优势，制定"十四五"期间新能源汽车产业发展目标。例如，长三角作为传统汽车产业制造基地，随着自主品牌蔚来、江淮、奇瑞、江铃、爱驰分别在安徽和江西建厂投产，以及特斯拉在上海投建超级工厂，对传统汽车工业生产要素重组和扩容，目前已经形成新的泛长三角产业集群，并串联起在关键零部件领域掌握核心技术的珠三角地区，逐渐形成了我国华南地区新的支柱性产业集群。此外，我国新能源汽车动力电池企业逐步向上布局矿产原材料资源，不仅链通了我国东中西部地区产业一体化发展，同时不断加大海外战略性原材料资源布局。

3. 关键零部件性能大幅提升

我国在新能源汽车关键零部件领域围绕技术研发不断突破。新能源汽车关键零部件包括动力电池、驱动电机、电机控制器。新能源汽车车载动力电池方面加速创新，国产自主新能源汽车动力电池企业的制造和研发能力总体居于国际先进水平，围绕关键性能、安全可靠和资源利用等方面涌现出诸多创新性技术产品，如刀片电池、CTP（Cell To Pack）、弹夹电池、无钴电池、钠离子电池等，研发技术快速转化带动电池性能大幅提升，同时在产品安全性、稳定性和耐久性上达到国际领先水平。以宁德时代为例，2016 年推出了 CTP 电池 1.0 产品相比于当时新能源汽车动力电池以"电芯—模组—电池包"三级结构为主的产品构架，CTP 电池可以直接将电芯与电池包高度集成，大幅提高成品电池的集成度和空间利用率，一经推出便收到商用车品牌宇通、戴姆勒的合作意向。2022 年宁德时代推出 CTP 电池 3.0 版本的"麒麟电池"，体积利用率突破 72%，能量密度达 255Wh/kg，理论续航里程超过 1000 公里，同时在动力电池的安全、寿命、效率以及低温性能等各项短板指标上实现大幅提升。2023 年 4 月，宁德时代发布了单体能量密度 500Wh/kg 的凝聚态电池，实现电池高比能与高安全兼得，并可快速实现量产。在新能源汽车动力电池各项性能大幅提高。2022 年我国主流动力电池性能大幅提高，三元电池单体和系统比能量分别达 300WH/kg 和 200WH/kg，磷酸铁锂电池单体和系统比能量分别达 200WH/kg 和 160WH/kg。以乘用车电池系统能量密度做趋势对比，较 2009 年量产动力电池系统能量密度 60—70Wh/kg 实现了性能翻倍。同时制造成本由 5 元 / Wh 下降为 0.9 元 / Wh，新型成组技术、钠离子电池等实现产业化应用。

新能源汽车车载驱动电机电控方面已形成一批优秀企业，向集成化、高效化发展，主要技术指标不断突破，依托技术进步产品实现批量出口。我国自主研发的驱动电机及控制器产品能够覆盖 360kW 以下各类新能源汽车电驱动系统的动力需求，关键指标不断取得突破，电机峰值功率密度超过 4.8W/kg，最高转速可达 1.6 万转 / 分以上；部分企业实现碳化硅功率器件自研自产，打破国外技术垄断，同时随着碳化硅功率器件上车，车端快充性能得到有效提升，部分量产车型支持 750V 快充技术，充电 10 分钟可实现续航 200 公里。得益于产品性能的比较优势，我国部分企业产品进入国际汽车供应体系，如上海电驱动、华域汽车等企业分别实现了对雷诺汽车和大众汽车的批量出口配套。

4.智能化、网联化逐步融入我国新能源汽车产业链体系

新一轮产业变革下，新能源汽车成为实现智能网联功能的重要载体，政策方面立足电动化、网联化、智能化深入推进产业发展，率先提出单车智能和网联赋能协同发展的创新技术方案，我国新能源汽车产业呈现从电动化转型向与能源、交通、信息通信等多领域技术加速融合发展的态势，上汽、广汽等传统汽车制造企业加速电动智能化转型，同时百度、阿里、360、小米等众多互联网科技属性的公司也纷纷跨界布局新能源汽车市场，逐渐构建人车互联、车路协同、智能交通、智慧城市的关键承载平台。产业链也从动力电池、电机、电控等电动化核心零部件逐渐延伸至以信息物理系统架构和计算基础平台、云控基础平台、高精动态地图基础平台、车载终端基础平台、信息安全基础等新兴技术领域，新的生产要素加速融合构成新型产业链体系。此外，我国自主品牌企业在传感器、自动驾驶、高精地图、芯片等领域充分布局，2023年比亚迪发布"云辇"系统，标志着我国自主品牌可自主掌握智能车身控制系统，以及东风汽车发布固态电池、轮毂电机、飞行汽车、自主研发IGBT芯片等创新技术，自主品牌企业通过应用新技术和新模式加速推进技术进步和产业化发展，为全球推广汽车智能化、网联化提供借鉴方案。截至2023年年底，我国累计开放超过9000公里智能网联汽车测试道路，完成智能化道路改造超过3900公里。

（四）政策推动下我国新能源汽车基础设施逐步完善

1.基础设施规模加速扩大

自2009年新能源汽车"十城千辆"示范工程开始，充电设施由试点城市、电力与能源企业率先布局，从城市公共服务领域开始推广。2009年10月，由上海市电力公司投建的充电站，成为我国第一座具有商业运营功能的充电设施；2010年起，国家电网、南方电网等大型中央企业陆续开展充电领域业务，并与地方政府积极签订战略合作协议，制定了明确的发展目标；2015年，国家有关部门陆续出台了充电设施发展指南、指导意见、财政补贴政策等重要文件，对市场发展形成重要的引导和激励作用；2016年起，我国充电设施建设布局速度明显加快，新能源汽车补能环境大幅改善，截至2023年年底，我国充电基础设施累计达859.6万台，同比增长65%。我国已建成世界上数量最多、辐射面积最大、服务车辆最全的充电基础设施体系。

2.市场主体结构逐步优化

基础设施领域的市场结构实现从大型国有企业主导向各类参与主体充分竞争演变，2011年，国家电网确了"换电为主、插充为辅、集中充电、统一配送"的发展思路，南方电网与Beter Place签订战略合作协议，充电设施从"十城千辆"试点城市开始发展，并向多个区域扩展，以国家电网为代表的大型国有企业占据了市场主要份额；2014年起，国家电网放开充换电设施领域建设的参与权限，允许民营企业进入产业布局和市场化竞争，在民营企业活力的刺激下，基础设施市场得到进一步发展，民营领域市场份额和领先优势不断扩大，市场由国有能源企业和民营运营企业共同主导；2017 年后期，随着新能源汽车保有量增加，私人领域快速渗透，各新能源汽车整车企业加大布局自有品牌充电网络，如特斯拉、蔚来、小鹏等品牌快速扩大市场份额，基础设施建设领域的市场份额已由整车品牌、民营充电运营企业主导，形成多主体参与、充分竞争的开放格局。截至 2023 年，各类充电桩运营企业 3000 余家。电动汽车充电量持续增长，2023 年全年充电量超过 441.4 亿千瓦时，同比增长 99.6%。

3. 涌现出多元化的补能技术模式

2017 年 12 月，蔚来汽车推出换电模式纯电动汽车 ES8，单次更换电池时耗仅为 5 分钟，有效解决电动汽车补能时间长的技术应用难点；比亚迪在 2021 年推出了第四代混动系统——DM-i 超级混动，通过"双电机 +EHS 超混系统"的创新应用，使得体积和重量较第一代混动系统降低了 30%，整车亏电油耗（仅靠燃油驱动）降至 3.8L/100km，进一步提升了插电式混合动力车型的性能水平。

三、我国新能源汽车产业政策存在的问题

新能源汽车产业是复杂的系统工程，涉及原材料采集、核心零部件制造、整车生产、充电设施配套、市场服务等多个环节，在产业政策的助推下，我国新能源汽车产业的发展在全球范围内取得了一定的领先优势，但是领先优势尚不牢固。目前，产业发展已经进入新一轮智能化、网联化科技革命的变革阶段，在国际常态化贸易摩擦等诸多不确定不稳定因素的影响下，通过梳理我国新能源汽车产业政策的发展历程，总结出现行的产业政策运行体系在作用效果的理论支撑方面、顶层设计的完善方面、运行机制的畅通方面、科技创新的支持方面以及基础设施的支撑方面还不足以完全配适新形势新要求下产业发展新需求的问题。

（一）我国新能源汽车产业政策的作用效果仍缺乏理论支撑

1. 我国在新能源汽车产业政策体系的理论方面研究薄弱

大部分的研究仅对新能源汽车产业政策作用机制进行简单阐述，理论分析大多停留在对作用机制分析框架中主体之间的政策传导路径等方面的描述。相关研究更侧重于直接进行实证方法研究产业政策的效果。例如，白恩来和赵玉林使用固定效应面板数据模型对财税政策的微观效应进行了分析，刘兰剑等以新能源汽车产业上市公司数据为依据，通过面板门槛模型分析评价了政策工具组合的实施效果，验证了财政补贴和税收优惠对专利质量产生的门槛效应。刘和旺等使用双重差分模型，分析了"扶持性"政策和"门槛性"政策对企业技术创新的影响及机制。这些研究均使用了计量模型分析研究了新能源汽车产业政策的实际影响，然而很少有研究利用经济学理论分析

方法和数理模型对新能源汽车产业政策的作用机制进行系统、科学分析。

2. 缺乏产业政策体系的系统性研究

对产业政策体系中政策工具的分散研究较多，对政策体系整体协同研究较少。现有研究内容对产业政策体系的发展阶段中具体单一政策工具的效果研究较多，并提出了一定的价值观点。例如，周燕和潘遥从交易费用视角对财政补贴与税收减免这两项政策进行了边际比较分析；方东霖对新能源汽车产业税收优惠政策的调整优化进行分析；行伟波和张康认为中国新能源汽车产业政策需借鉴现有国际经验，形成多样化的税收优惠方式，有效结合税收激励与约束机制。由此可以看出，已有新能源汽车产业政策研究多针对财税政策展开，较少对新能源汽车产业政策体系进行系统评估。

3. 关于新能源汽车产业政策影响研究过于传统

李兆友和齐晓东研究了财政政策对新能源汽车产业 R&D 投入和专利产出的影响。乐为和何源研究了新能源汽车产业政策协同对市场渗透效果的影响。李社宁等分析了财税政策对新能源汽车产业产量、利润等的影响机理。相关研究大多围绕供给、需求以及创新等方面单独展开研究，对于可持续发展、环境影响以及社会福利的影响研究较少。

（二）我国新能源汽车产业政策的顶层设计仍需进一步完善

1. 产业政策体系制定需要统一中央、地方、企业在产业发展的思想和发展目标

一方面，在产业政策制定中存在产业政策着力点不准确，导致地方保护问题依旧存在，仍有部分省市新能源汽车支持政策存在对本地企业、当地建厂、零部件本地供给、设置地方目录等方式给予特殊关照，此类明文规定或者暗箱操作的倾向性地方保护行为短期内对企业达到一定的帮扶效果，但长期地方保护措施给产业市场推广造成了巨大负担，有悖于建设公平开放的全国统一大市场，不利于实现产业良性竞争，甚至会造成由于过度庇护而引发产业风险；另一方面，以"骗补"为例，政策初衷与企业行为并非高度一致，企业基于边际成本与边际收益判断行为决策，财政补贴在助推产业发展的同时扭曲了市场价格，模糊了市场需求，当补贴的边际收益大于技术创新的边际收益时，企业会专注于获取补贴而放弃技术创新，造成政策导向与实际脱钩，从而引起寻租行为。

2. 产业政策未能有效协调地方分工

各地方政府相继开展大规模新能源汽车及相关产业链的招商引资工作，均是通过土地优惠、税收减免、人才补贴等方式，牺牲地方财政资源出台优惠政策，甚至有些地方政府通过包装国家专项债以低息、免息、代购设备、资本运作等方式，吸引企业投建投产，短时期内对于产业规模性扩张有一定帮助，但是我国地域辽阔，各地域间资源禀赋差异巨大、能源优势不同、基础设施提供能力不同、消费习惯不同、使用场景不同，通过地方政府大规模招商引资在各地进行重复建设，可能带来产能无序扩张、同质化产品恶性竞争、部分品牌产能利用率严重不足且固定资产未被盘活等隐性风险，同质化产生的效率低下对产业和地方经济发展均造成巨大负担和资源浪费，降低产业的规模效益和市场效率，也影响地方优势资源难以充分发挥。例如，新能源汽车厂商赛麟汽车、拜腾汽车等均已宣布破产。

3. 对产业融合发展的前瞻性谋划不足

新一轮科技革命和产业变革催生了新业态、新模式的出现，新能源汽车是车能融合、车路协同、车网互联的重要载体，涉及诸多新兴领域的科学技术快速发展，对全球创新活动的分布、强度和方式等产生举足轻重的影响，为产业分工带来积极而深远的影响。而现行的产业政策体系对于产业发展中技术创新、新模式、新技术扩散以及与相关产业融合的前瞻性谋划不足，较多以传统的汽车工业制造思维引导当下新能源汽车产业的发展，在新能源汽车自主品牌和相关产业共建共生方面的产业生态思维尚未被建立，导致难以形成具有自身独特优势的企业和产品参与到全球产业的竞争之中。

（三）我国新能源汽车产业政策的运行机制仍需进一步畅通

1. 跨部门协同机制需要进一步适应产业发展新形势

按照部际联席会议制度的决策，在跨部门间规划衔接和政策协调机制需要完善，面对新能源汽车产业发展的不同环节，要避免交叉管理、多头管理，减少行政和行业资源浪费。同时，面对电动化、网联化、智能化融合趋势，新能源汽车与能源、通信、交通等产业融合更加深入，产业高效发展需要统筹电力供应、网络安全、智慧交通、基础设施建设等多个方面，除了涉及产品安全、准入管理等要求，还将涉及交通管理、保险监管、网络安全管理、私人信息管理等诸多新领域，涵盖的行政管理部门更为广泛、部门间统筹协调增多，对各部门沟通、不同领域间的技术协同攻关、标准联合制定机制等提出了更高的要求，为了避免出现交叉管理、多头管理问题导致行业资源浪费，更需要加强不同政府职能部门在政策制定中发挥的作用，提高政策实施的时效性和落地性。

2. 政府职能转变与产业市场化发展不匹配

我国新能源汽车作为战略性新兴产业仍处于探索发展的过程中，在肯定新能源汽车产业政策重要性和必要性的同时，必须认清产业政策在引导性和可操作性上没有厘清政府和市场的关系，政策的系统性存在不足。例如，政府替代市场对产业内特定企业、技术、产品和技术路径的选择和扶持的问题，以政府对市场供需情况的判断以及控制供给来替代市场的协调机制，因信息不对称和不完全与产业实际发展需求脱钩，导致新企业进入困难，不同产品类型进入不同领域开展竞争的行为受到限制，究其原因为行政管理仍处于较强势地位，对于新兴产业发展初期缺乏突破固有思维的勇气和引导鼓励企业创新、包容企业试错的态度，对市场机制和优胜劣汰造成伤害，为产业、企业、产业链的发展带来了一定阻力。新发展趋势下需要重新审视产业需求，管理方式需要进一步完善，才能实现新技术、新模式创新。

（四）我国新能源汽车产业政策对科技创新的支持仍然不足

汽车强国的基础是产业链强国。当前我国新能源汽车产业发展过程中产业链建设上存在断点、堵点和难点问题，大而不强，大而不精，短板凸显，反映出产业链生态脆弱，折射出政策体系在产业保供方面的控制力薄弱，已经成为我国构建新能源汽车产业链新生态、推动产业高质量创新发展的最大障碍。

1. 产业链条处于价值链低端，关键核心技术对外依赖度过高

我国虽然是汽车产业零部件制造与出口大国，但是零部件企业主体仍然以外资企业在我国布局为主，自主零部件制造大多数集中在行业低端，经济附加值低、市场竞争充分，如金属铸造、机加工、注塑、内外装饰等，而技术含量高、经济附加值高的高端产品被外资垄断。关键特种材料、基础元器件以及研发检测等辅助性工业信息软件和装备等方面也大部分依赖外资。尤其是基础元器件，因在技术、制造工艺与设备、经济规模、品质精度与性能稳定性等方面存在限制与差距，导致高附加值的产业链关键产品依赖进口。

2. 缺乏产业生态安全的预警机制和应急预案

我国已经建立较为完善的新能源汽车产业链供应体系，但是近年来疫情原因导致全球产业链效率降低、国际贸易萎缩等问题持续发酵，国际形势极端变化，出现2021年车用芯片供需失衡、2022年新能源汽车核心零部件原材料价格大幅上涨等现实问题，造成我国整车企业被迫大面积减产、限产、停产等情况，暴露出我国对新能源汽车产业链生态安全缺少整体抗风险能力评估和缺乏预警机制、应急措施。未来可预料到，随着我国新能源汽车消费市场快速扩张，其产业生态安全问题将呈几何级倍数放大，将对我国新能源汽车产业发展造成重大影响。

3. 对产业链关键领域的技术支持未形成合力

新能源汽车作为前沿科技集成的代表载体，电动化、网联化、智能化引起产业内新技术、新模式、新应用的快速普及，加速推动汽车产业转型，产业链体系向半导体芯片、技术原材料、高精元器件、工业软件系统等新能源汽车全产业链的高精技术等关键领域延伸，打破原有产业边界，跨界融合不断解构和重塑，生产要素与创新资源新一轮再配置，催生更广阔、更融合、更高效的产业链多极化创新发展，新型产业链体系逐渐成为产业全球价值提升和产业全球核心竞争力的关键。但由于我国传统汽车产业整体技术水平和研发能力弱，且受产业组织结构、企业规模以及治理模式等多种因素制约，在产业链关键领域，关键核心技术和基础共性技术创造与储备严重不足，无法由量变形成质变，加上因底层技术缺失而无法形成新技术融合衍生，导致核心技术自主率严重不足，如车规级芯片"卡脖子"领域亟待新突破，产业链关键零部件技术短板领域的自主可控形势严峻，失去了竞争的机会，也降低了产业链韧性进一步增强的可能。特别是在电动化转型的基础上进行的智能网联汽车领域，尚处于新一轮产业竞争的窗口期，核心技术是人工智能、大数据、云计算等非汽车产业链的科技融合产物，部分细分市场尚处于空白期，技术水平、产品质量、性能等方面缺乏核心竞争力，与国际先进水平存在差距，短期内难以完成实际突破。

（五）我国新能源汽车产业政策对基础设施领域的支撑不够

1. 新能源汽车充电基础设施的使用环境

相对于快速增长的新能源汽车普及程度，我国充换电基础设施还处于初步发展阶段，充电基础设施建设相对滞后，严重影响了新能源汽车使用的便利性，遏制产业进一步发展的需求。一是充电基础设施配套政策不完善，影响充电基础设施网络建设和使用端体验。现阶段因充电基础设施的商业模式和充电桩技术均处于产业发展初期，在快速发展中尚未形成确定的发展模式和技术路径，出台的产业政策无法与产业需求精准匹配。同时，地方政府在相关扶持政策及专项资金执行中存在偏差，法律、制度、现实条件等制约因素导致政策预期和实际建设不吻合。比如，建设充电基础设施涉及电网改造、土地、拆迁、产权、使用权等矛盾仍未解决，特别是老旧小区配套建设充电基础设施受电网容量、基础线路老化、安全隐患等客观因素影响，难以落实。前期建设的充电基础设施由于经营维护不足、设备技术水平落后等影响，使用效率低的问题普遍存在。二是充电基础设施布局结构不均衡，制约新能源汽车使用场景的扩展。由于新能源汽车在全国各地域的保有量程度不同，充电基础设施的供给结构更趋向于使用场景的使用结构，主要集中在长三角、珠三角、京津冀等新能源汽车保有量较高的一线城市，近几年在城市集群和新能源汽车产业集群的发展下串联了各集群间充电基础设施，总体而言，二三线城市及以下的覆盖率仍然不足，随着新能源汽车保有量快速提升，电排队现象越发严重且长期存在。特别是在城市以外区域和长途出行需求较高的高速公路服务区、省际城际公路、乡镇级公路等地方，充电设施建设明显滞后。三是充电基础设施产业发展不成熟，未形成规模经济效应。充电基础设施行业准入门槛较低，企业间技术能力和产品质量参差不齐，发展过程中部分低品质充电基础设施以低价扰乱正常市场秩序，造成整体质量效益不高、设备可靠性不高，后期运营维护、翻建重建成本更高，导致充电基础设施平均利用率较低，加重了企业短期经营负担，制约了企业进一步扩张布局的积极性。总体而言，在新能源汽车充电基础设施建设方面出现的问题主要集中在职能部门体制机制不完善，统筹协作方面在客观上弱化了职能部门、社区、消费者的责任关系，对于特定区域、特定场景、特定模式的基础设施完善落实存在堵点，未形成规划衔接和职能合力。此外，针对优势企业兼并重组的鼓励机制尚未有效建立，同时"僵尸企业"和"僵尸车桩"的市场退出机制也有待健全。

2. 新能源汽车动力电池梯次利用及回收利用产业体系

新能源汽车动力电池含有多种重金属元素，由于用户对新能源汽车动力电池回收意识不强、私人回收价格高于正规渠道、正规企业回收渠道少等问题，造成现阶段新能源汽车动力电池回收利用行业管理混乱、回收主体鱼龙混杂、安全和环保隐患突出。一是新能源汽车动力电池回收管理不规范。缺少行业专项法律法规和监督机制，虽然各主机厂家已经建立了电池回收业务，但对废旧电池持有主体和回收主体的约束力较弱，无资质、高污染的作坊通过高额回收，导致部分废旧动力电池未进入正规回收渠道体系，大大增加了环境二次污染的隐患。甚至出现废旧电池通过拼装重新流通进入市场的情况，产生严重的安全隐患，回收不规范也导致实际回收比例低，扰乱正规回收市场秩序。二是新能源汽车动力电池回收缺乏标准和数据信息。动力电池品类多，电池包内材料和内部结构及组装方式各异，对于电池回收关键环节的回收、储存、运输等相关管理要求不明确，动力电池生产企业主体责任缺乏约束，电池的寿命及有关安全数据更难获取，追溯管理能力不强，对于梯次利用缺少明确的说明和引导规范。三是新能源汽车动力电池回收现阶段经济性不显著。现阶段车用动力电池退役规模仍然较小，企业在回收领域无法实现规模效益，在梯次利用环节成本较高，回收的废旧电池需要经过评估、物流、筛选、拆解、重新集成才能进行二次使用，需要前期高昂的技术设备投资成本，短期内难以实现盈利，难以吸引企业加大投资和拓展业务。

第五节　新能源产业政策需求效应的案例分析
——以深圳市为例

一、深圳市新能源汽车产业政策梳理

深圳市在宏观国策的指导下，由边陲小镇发展到现在已成为具备全球影响力的国际化都市，并且在推动国家战略性新兴产业发展的过程中，新崛起的城市以其先进的发展理念和健全的产业政策，持续打造了国内新能源汽车整车企业和产业链企业的排头兵。在新能源汽车产业发展领域，深圳市受益于国家战略性宏观政策成为新能源汽车产业发展的先行试点，以战略性新兴产业作为重新整合优势资源的契机，修整了原有产业结构中的不足。同时，深圳市政府统筹各职能部门，在产业政策规划、行政管理优化、科创项目支持、财税政策扶持、基础设施保障等方面合理制定和推行相关政

策，特别是从需求端通过财税支持和车辆指标管理等方式，促使产业发展从无到有、从小到大，已经发展成为具有全球竞争力的新能源汽车产业优势城市，打造出新能源汽车产业发展可借鉴的"深圳模式"。

（一）搭建顶层设计

20 世纪末，深圳市暴露出产业结构以轻工业为主所带来的诸多问题，产业结构转型升级成为社会经济持续发展的主要矛盾。在我国加入世界贸易组织后，国内汽车市场的强烈需求对于汽车产业发展的预期得以进一步明确，特别是汽车产业在发展中能够充分结合原有电子信息产业的沉淀优势，进而带动深圳市整体产业结构转型的可行性备受政府关注。2003 年深圳市提出产业结构"适度重型化"战略，其中包括以新兴产业技术为起点重新建立重工业体系的计划。后于 2004 年 3 月 25 日，深圳市成立汽车产业规划建设领导小组，将汽车产业发展列为重点项目计划之中。后经多方探讨研究，基于深圳市电子信息产业能够满足新能源汽车在电池、电机、电控方面的核心技术需求，最终确定选择发展新能源汽车这条前瞻性的汽车产业发展之路。

相对于全国新能源汽车产业的发展进程，深圳市在积极倡导产业布局和大力推介方面规划较早。在 2009 年全国"十城千辆节能与新能源汽车示范推广应用工程"中，深圳市成为全国最早一批推广新能源汽车的城市，并配套制定《深圳新能源产业振兴发展规划（2009—2015 年）》，旨在为新能源汽车的推广和发展提供政策支持，以期实现产业的快速发展。规划中深圳市政府明确了一系列政策要求和资金支持，包括市政府决定连续 7 年，每年从深圳市高新技术重大项目专项资金、科技研发资金和技术进步资金中各拨款 1 亿元用于新能源汽车领域。此外，市财政额外划拨 2 亿元用于支持产业发展，并设立新能源汽车产业发展专项资金（以下简称专项资金），每年集中的专项资金高达 5 亿元，对承担新能源汽车产业相关技术创新项目和参与研发活动的企业给予资金支持。高额的资金支持快速推动了新能源汽车核心技术的突破和市场化进程。

以上措施的颁布显示出深圳市政府在培育产业发展时将产业规划先行，通过土地、人才、金融、税收等政策出台给予了产业发展的宽松环境，体现了对产业发展的高度重视和大力支持。特别是在专项资金的设立和资助方面，深圳市在新能源汽车产业研发活动上充分调动企业和科研机构参与的积极性，激发创新潜能，在技术研发水平和技术应用转化放大方面提质增速，提高了产品的市场占有率和技术竞争力。此外，专项资金的设立还吸引了较大规模的产业投资和高技术人才流入深圳地区，形成的资金洼地和人才洼地有效促进产业协同发展，助力深圳市成为我国新能源汽车产业的创新中心和产业聚集地。此外，在土地供给方面，为加强新能源汽车产业发展的基础设施配套能力，深圳市在城市建设与土地利用规划中着重考虑新能源汽车的推广应用，优先安排用地供给于新能源汽车配套基础设施建设。

基于以上政策保障，使得深圳市新能源汽车产业快速起步发展，后续深圳市持续修订产业发展的顶层设计，并与国家宏观方针形成合力，按照优势资源统筹规划全面布局，为产业快速发展提供了"深圳经验"。2016 年，深圳市在我国《中国制造 2025》的基础上制定了《中国制造 2025 深圳行动计划》，在新能源汽车产业发展方面明确指出要重点发展从关键零部件到整车的完整产业体系，并分别对相关的核心技术环节、关键零部件开发环节、整车制造环节提出了细化的发展重点所在。进入"十四五"期间，深圳市以 2025 年为时间节点继续完善产业发展的顶层设计，于 2021年颁布《深圳市新能源汽车推广应用工作方案（2021—2025 年）》，提出到 2025 年要实现包括城市公共交通领域和私人领域的渗透率、累积保有量、充电基础设施配套数量、管理体制机制建设、安全监管机制建设等方面在内的产业整体发展目标和相应的重点工作，并将各重点工作拆分明确落实于各职能部门工作中。后于 2023 年深圳市紧跟汽车产业绿色化、数字化、无人化、平台化的发展趋势，颁布《深圳市加快打造"新一代世界一流汽车城"三年行动计划（2023—2025 年）》，首次提出要打造"新一代世界一流汽车城"的总体目标，对此前方案中的发展目标和重点工作进一步提升和细化，拆分出详细的产业发展定位、重点工程、具体措施等，以期在产业布局、品牌竞争、技术创新、基础设施、国际贸易、消费理念、体系建设等方面要充分发挥"深圳制造"的强大优势和内生动力，加快推动新能源汽车产业成为经济增长新支柱。

（二）完善运行机制

为进一步推动深圳新能源产业的发展，深圳市建立了新能源产业发展联席会议制度，负责协调产业发展相关工作，确定享受优惠政策的具体标准，对符合条件的新能源汽车企业进行资格认定，并承担管理新能源汽车产业发展专项资金等重要事项。此项制度的建立旨在加强相关职能部门之间的合作与协调，确保实现深圳市新能源汽车产业相关项目的顺利开展和产业的良性发展。

2015 年 3 月颁布《深圳市新能源汽车发展工作方案》，旨在进一步促进新能源汽车产业发展。该方案在实施中，深圳市建立和完善了由各级行政部门构成的领导负责制度和专家咨询制度。通过建立的行政领导责任制度体系，深圳市明确了各级行政部门在新能源汽车产业发展中的具体任务和职责，通过"包干"式工作机制确保相关业务在组织体系、责任体系、执行体系中分工明确、落实到位，充分发挥行政部门的积极领导作用，提高各相关部门间的整体协调性，进而保障各项政策措施能够执行落地和任务目标能够顺利推进完成，并为行政部门的决策提供了基础信息和及时反馈。同时，通过专家咨询制度的建立，深圳市充分发挥政府智囊的专业优势，为产业的发展提供科学指导和决策支撑。

这一系列举措为推动深圳市新能源汽车产业发展提供了有力的体制机制保障。深圳市通过建立新能源汽车产业发展联席会议制度，优化了体系运行机制，确保组织体系、责任体系和执行体系的良性运转，有效地协调各方面的资源和力量，极力促进新能源汽车产业快速发展。并且在落实新能源汽车产业发展工作方案中，加强政策执行和资金管理，提高新能源汽车产业的竞争力和可持续发展水平，在推动产业平稳健康发展的同时，也促成了深圳市在新能源汽车领域的领先发展地位。

（三）财税政策扶持

《深圳市新能源汽车推广应用若干政策措施》规定，私人和企业在购买使用新能源乘用车，以及出租车、公交车运营企业购买或使用新能源汽车的情况下，不仅可以享受国家免征的新能源汽车车辆购置税、车船税等税收优惠政策，还可以获取相应的运营补贴。此外，燃油出租车（具有出租车运营牌照或持授权书）若置换变更为纯电动出租车，则可获得额外的推广应用补贴。

《深圳市应对新冠肺炎疫情影响促进新能源汽车推广应用若干措施》文件中提出了一系列消费激励措施，旨在抵消受疫情影响产生的需求萎缩，促进新能源汽车的推广和应用。主要内容包括放宽了对私人新能源汽车增量指标的申请条件，私人增购新能源汽车的车型可选择范围也进一步扩大。并配套提出相应的优待政策，如对私人置换新能源汽车给予一定的财政补贴、加大新能源汽车的停车优惠力度等。

在资金投入方面，深圳市采取了统筹安排的措施，设立新能源汽车推广应用扶持资金，资金规模高达50亿元。为了有效管理资金使用，制定《深圳市新能源汽车推广应用扶持资金管理暂行办法》，以明确资金使用范围和管理规定。该管理办法的重点支持领域包括车辆购置、充电设施建设、标准体系建设、产业发展和规划政策体系建设等。与此同时，在政策层面深圳市加大对新能源汽车购置与使用环节的补贴力度。根据国家政策方针，地方财政按照国家确定的补贴标准提供1：1的配套补贴，并且不会退坡。此外，深圳市还进行了综合扶持政策的研究与制定，给予新能源汽车产业发展更多政策支持，形成中央和地方政府协同推动新能源汽车的推广应用和产业发展的新局面。

这些综合扶持政策极大地拉动了私人乘用领域、城市公共交通系统、出租车运营企业等采购置换新能源汽车，从而实现清洁能源的广泛推广和应用。深圳市通过设立扶持资金、落实税收减免和给予财政补贴等扶持政策，为企业和私人购买和使用新能源汽车提供了优先选择购买和使用新能源汽车的积极导向和经济激励，中央和地方的政策合力降低了需求端对传统燃油车的选择路径依赖，共同推进新能源汽车的推广应用和产业发展。同时，通过充电基础设施技术标准体系逐步统一和使用配套环境逐步改善，进一步从需求端拉动了新能源汽车的普及和发展。并且上述政策促进了新能源汽车对传统燃油汽车在使用场景方面的全面替代，从实现城市可持续发展和环境保护的角度，改善城市环境，减少了碳排放，为实现可持续发展和绿色出行作出重大贡献。

（四）金融政策支持

为了扩大新能源汽车消费需求规模，银行业金融机构为拟购买新能源汽车产品的潜在客户提供更大力度的金融优惠支持，包括提供购车贷款、车辆融资租赁、汽车分期付款等金融服务方案，以降低购车门槛和提供灵活的融资方式，鼓励购买新能源汽车产品。2023年2月，中国人民银行深圳市中心支行等相关部门联合发布《深圳金融支持新能源汽车产业链高质量发展的意见》，该意见提出了12条具体措施，鼓励提高对汽车消费信贷的支持力度，深化与各新能源汽车品牌展开全面合作，特别是围绕销售网络开展汽车金融服务，逐步完善新能源汽车产业发展的金融生态。此外，为深化金融机构与新能源汽车品牌的合作，金融机构将与各新能源汽车品牌开展全面合作，建立长期稳定的合作关系。通过与新能源汽车品牌的合作，金融机构将为汽车销售网络提供金融服务，包括金融渠道支持、贷款垫资、库存融资等，以支持新能源汽车产品销售和拓展销售渠道。

这些措施旨在通过金融支持，促进新能源汽车产业链优质发展。通过提供汽车消费信贷支持和加强金融机构与新能源汽车品牌的合作，深圳市政府为消费者提供更多购车选择和便利的融资服务，以期拉动需求端消费。同时，也推动了新能源汽车产业链各环节的协同和优化，实现产业链高质量发展，提升新能源汽车产业的竞争力和可持续发展水平。

（五）基础设施保障

在充电基础设施服务建设方面，深圳市鼓励和支持社会资本参与充电设施的建设和运营。对于集中式充电设备（站、桩、装置）的投资，将给予30%的财政补贴。此外，鼓励在已建成停车场等现有建设用地上设置充电设施，并重点在各区（新区）的客运交通枢纽、体育场馆、政府及公共停车场、路内临时停车位、公交综合车场、公园、的士码头等区域合理布局建设快速充电桩。同时，还研究探索在现有加油站加装快速充电桩，原则上要保证每5—10平方公里区域内应有集中式充电服务点的布局要求。

在充电基础设施配套服务方面，深圳市电网企业积极进行充电设施配套的电网工程项目建设和改造，并要求不允许收取任何的接网费用。另外，电网企业还需设立专门的接入网报装服务窗口，提供专项的服务绿色通道，从而保证能够快速处理新能源汽车充电设施的选址接入问题。

在动力电池回收利用方面，专门制定相关政策以支持动力电池的回收利用。包括规定了整车制造企业需要对新能源汽车动力电池进行强制回收，还明确了动力电池回收补贴金额，确定每千瓦时 20 元的标准专项计提动力电池回收处理资金，地方财政根据审计确定的计提金额给予不超过 50% 的补贴比例。在此基础上，深圳市还加快建设了废旧动力电池的循环利用体系，提高废旧动力电池规模化、高值化回收利用的经济社会效益，促进动力电池的可持续利用并落实环境保护的要求。

通过以上措施，深圳市在新能源汽车配套设施建设、充电设施服务和动力电池回收利用等方面为新能源汽车发展起到了正向推动作用，也为实现城市绿色交通和可持续发展作出积极贡献。

二、产业政策下企业需求侧的战略调整——以比亚迪为例

比亚迪是我国新能源汽车产业的领军企业，也是深圳市新能源汽车产业最具代表性的整车企业。以深圳市政府颁布"适度重型化"的产业结构优化方针并寻求合作为起点，比亚迪企业发展至今已成为全球能够掌握电池、电机、电控、车规级半导体等新能源汽车核心技术的车企之一，在我国新能源汽车产业发展历程中展现出强劲的企业实力。本节考察在深圳市新能源汽车产业政策驱动下，比亚迪通过对企业需求侧战略的调整，进而在新能源汽车需求端实现了产品市场份额的快速提升。

（一）比亚迪企业需求侧战略调整

作为深耕新能源汽车领域的企业，比亚迪在发展初期便积极响应《深圳市新能源汽车发展工作方案》中关于推广应用领域的相关号召，早在 2015 年即确立了覆盖大部分车辆使用功能场景的"7+4"发展战略，进行了多样化的新能源汽车终端产品设计，并积极储备相关核心技术。再通过产业链的垂直整合，借助我国新能源汽车产业政策的支持，比亚迪凭借高性价比的新能源车产品特征迅速占领市场需求份额。首先拓展拥有路权管制、车牌管制和用户红利的市场，随着技术水平的提升，不断升级和优化新能源汽车产品，逐步实现产品规模和品牌价值的双重增长，完成了对传统燃油汽车在各个细分功能领域的全面替代。同时，比亚迪还以 2C 品牌方和 2B 供应商的双重身份，将新能源车核心技术成果对外开放寻求合作，充分发挥自身战略优势，在我国新能源汽车产业高速发展的红利期实现企业利益最大化。

打造满足市场多元化需求的产品矩阵。比亚迪公司在 2C 品牌商方面为满足消费者的不同需求，在产品车型上形成了纯电动汽车、插电式混合动力汽车、燃料电池汽车的产品矩阵。此外，在 2B 供应商方面实现车载动力电池、太阳能产品、LED 等产品的多样化，也为其吸引更多的客户。比亚迪将新能源汽车的产品功能定义为覆盖大部分车辆使用功能场景，绝非技术简单的低端城市通勤车，基于其技术优势，注重宣传新能源汽车产品在生活场景的功能性、舒适性和动力性能等方面大幅提升或重新定义，而非仅节能环保的产品单一特征，提高了新能源汽车产品在终端需求的亲和度，

企业需求侧战略加大了对新客户的吸引，尤其是拓展和满足了城市市场中年轻消费群体和中等收入群体的消费需求。例如，2013 年比亚迪推出了插电混合动力车型"秦"，在市场推广中着重强调了产品出色的性能表现，特别是 0 ～ 100km/h 加速仅需 5.9 秒。因此，"秦"成为当年国内电动汽车市场的冠军销售车型，月销售量达 1000 辆。随后于 2015 年推出比亚迪汽车电动 SUV 车型"唐"，实现性能的突破，可在 5 秒内完成 0 ～ 100km/h 加速。作为电动 SUV 领域的后续，比亚迪随后新推出了两款系列车型"宋"和"元"，均延续了产品出色的性能表现。在公共服务或高级车辆领域，比亚迪在 2011 年推出了 E6 插电式电动车型，专注于舒适性和长里程。

以持续技术创新支撑产品的市场需求。基于国内市场的消费需求，比亚迪进行独立技术研发创新，通过直接突破核心技术，在电池安全、经济性和能源效率等三个方面均实现了强劲的技术实力。比亚迪相信技术实力是获取更大市场份额、更多社会支持甚至政策关注的基础。甚至早在正式宣布进入电池领域之前，比亚迪于 1998 年就已经开始了相关的基础研究。即使在 20 世纪 90 年代只生产消费电子用的锂电池时，比亚迪也投入了人力和物力资源进行材料和化学技术的基础研究。目前，在电动汽车领域，比亚迪的研发团队已经开发出了许多材料科学、热控管理、双向变频器等前沿技术，并已经开始为未来应用开发的超导材料等储备技术。2005 年，MIT 宣布开展锂铁磷酸盐材料的基础研究取得突破性进展时，比亚迪宣布其战略将重点放在这一领域，并迅速成为锂铁磷酸盐材料电池开发的全球领导者。2009 年，比亚迪在惠州的工厂开始大量生产锂铁磷酸盐电池，奠定了其在这一领域的优势。2014 年，比亚迪宣布通过添加锰来调整基础电池材料，这是一项前沿尝试，旨在保持原有锂铁磷酸盐电池的安全性和寿命的基础上提高功率密度。所有这些因素均促进了锂电池的全球发展。

积极通过实践经验引导政策制定方向。比亚迪公司积极倡导和推动政策制定者颁布有利于新能源汽车产业发展和可再生能源产品开发的政策，进而带动和扩展了整体的市场需求。深圳市政府将比亚迪列为国内新能源汽车产业发展的"先遣部队"，通过政策制定在一定程度上规避了企业在实践中发掘和反馈出的问题，有助于创造出更有利于产业间各企业发展的市场环境。与此同时，将比亚迪列为政府各项发展战略性新兴产业的计划中，当比亚迪在相关技术领域实现关键突破时，政府部门及时调整政策以提供支持。此外，深圳市政府授权比亚迪和公交公司共同成立了独立的纯电动出租车公司，比亚迪还实施了租赁融资、买方信贷和商业租赁等金融运营模式，为出租车公司购买和使用新能源汽车提供解决方案，并因此得到了有力的政策支持。

（二）比亚迪战略调整的需求效应

新能源汽车业务全面爆发。比亚迪积极响应中央与深圳市政府号召，停止燃油车整车生产，聚焦新能源汽车业务发展。这一战略调整使得比亚迪在新能源汽车领域取得了全面爆发的成果。比亚迪成为全球首家停产燃油车的车企，连续十年占据我国新能源汽车销量排行第一。比亚迪 2023 年报数据显示，全年实现营业收入 6023.15 亿元，同比增长 42.04%，其中 76.57% 来自汽车相关类产品，同比核心品类的收入结构贡献度大幅提升。

新能源乘用车销量大幅增长。比亚迪在新能源乘用车领域实现了销量的大幅增长，同比增长超过两倍，成为我国乘用车销量排名第一的车企。比亚迪依托技术创新和应用推出了多款颠覆性技术，如刀片电池、超级混动等，满足了消费者不同场景下的用车需求，推动了新能源汽车行业的技术变革。中汽协公开数据显示，2023 年比亚迪新能源汽车年度销售的市场占有率高达 30%，在行业中的龙头地位越发凸显。同时，比亚迪达成中国自主品牌中首个年销百万新能源汽车、首个下线第 300 万辆新能源汽车的双里程碑。

多品牌车型梯度布局的构建。比亚迪通过不断创新，形成了王朝、海洋、腾势、仰望及方程豹五大品牌车型矩阵的布局。作为我国新能源车的先驱，比亚迪已经经历了多个发展阶段，包括 2B 端产品的突破、2C 端牌照红利和车型产品的升级。如今，该公司在纯电领域基于全新一代 e3.0 平台，推出了全系列的纯电车型新产品，并在混动领域拥有 DM-i 和 DM-p 两项技术优势，能够满足性价比和高性能等多种用户需求。相比之下，其他车企在电动化升级的道路上，大多仍处于产品细分领域的探索阶段。比亚迪的新能源汽车销量规模已于 2021 年突破了平台期，产品进入了新一轮的高品质迭代周期。比亚迪品牌下的王朝系列和海洋系列产品分别满足了国潮文化和年轻消费者的需求。此外，腾势品牌和仰望品牌的推出进一步完善了比亚迪的品牌建设，满足了新时代消费者的多元化需求。

加速海外资源战略布局。比亚迪在国内市场占据领先地位的同时，积极布局海外市场。资料显示，比亚迪通过加速开拓欧洲、亚太和美洲等地区市场，以其多元化的产品矩阵在多个市场获得热销前列，受到全球消费者的青睐，目前销售市场遍布全球六大洲，70 多个国家和地区，超过 400 个海外城市。此外，比亚迪开始逐步整合海外产业资源，布局海外整车工厂，如 2022 年 9 月，比亚迪与泰国合作伙伴 RÊVER 在曼谷投建了首个海外全资乘用车工厂，项目规划年产能约 15 万辆，以满足周边东盟国家及其他地区消费者对于新能源汽车产品的多元化消费需求。比亚迪在海外市场的成功推广有助于推动新能源汽车的国际化和全球化发展。

技术创新支撑市场拓展需求。比亚迪始终强调技术创新是核心驱动力，通过自主研发生产打造出稳固的技术专利壁垒，持续推出颠覆性技术和创新性理念设计。比亚迪在纯电动和插电式混合动力领域推出了多项技术创新，如刀片电池、CTB 电池车身一体化、云辇智能车身控制系统等。通过上述技术创新，比亚迪实现了较为全面的技术储备和车载技术的跨越式发展，并带动了整体新能源汽车产业的技术创新和技术变革。尽管比亚迪在电气化领域占据着领先地位，但在智能化水平方面仍有较大的进步空间。为加速智能化进程，比亚迪正在采取一系列行动。首先，在 AI 芯片领域，比亚迪进行了对芯片公司地平线的投资。其次，在激光雷达技术方面，比亚迪与激光雷达厂商速腾聚创（Robo Sense）达成了战略投资协议和合作框架协议。此外，在自动驾驶算法领域，比亚迪与自动驾驶初创公司 Momenta 合资成立了"深圳市迪派智行科技有限公司"，旨在开发面向未来的高级智能驾驶解决方案。另外，比亚迪还与百度达成了合作，百度成为比亚迪的智能驾驶技术供应商，为比亚迪提供量产的行泊一体的 ANP 智驾产品以及人机共驾地图等技术。这些举措将有助于比亚迪进一步提升智能化水平，并满足不断拓展产品在智能驾驶领域的消费需求。

三、新能源汽车产业政策在需求侧发挥的作用与成效

（一）产业政策促进新能源汽车需求方面的作用

1. 通过产业发展支持政策正向促进新能源汽车市场需求提升

通过一系列产业发展支持政策，深圳市政府在促进新能源汽车需求方面发挥了重要作用，为新能源汽车市场的发展和释放市场需求提供了有力支持。这些政策的实施在多个方面产生了积极影响。首先，深圳市政府放宽购车条件和提供补贴政策，为私人和企业购车提供了更多的选择和便利。深圳市通过对私人新能源小汽车增量指标申请条件的放宽，以及扩大私人增购车型范围，鼓励更多消费者选择新能源汽车。此外，政府为私人置换换购新能源汽车产品实施补贴优惠，减轻了购车负担，进一步刺激了购车需求的增长。其次，深圳市政府通过充电设施建设和停车优惠政策提供了便捷的充电服务和停车环境，进一步激发了购车需求。深圳市积极推动充电设施的建设，已建成并投入运营大量新能源汽车充电桩，包括公用快充桩，为用户提供了便利的充电服务，提高了用户对新能源汽车的信心和购车的便利性。同时，加大新能源汽车的停车优惠力度，为新能源汽车用户提供更为便利且成本较低的停车环境，进一步刺激了购车需求的增长。再次，深圳市政府还通过金融支持政策为购车提供了更多的融资选择，刺激了消费者的购车热情。政府鼓励银行业金融机构加大对汽车消费信贷的支持力度，提供购车贷款、融资租赁和分期付款等金融产品，降低了购车门槛，为私人和企业提供了更多的购车选择和融资方式，进一步刺激了购车需求的增长。最后，深圳市政府的智能驾驶软件开发引导政策也为购车需求的提升发挥了积极作用。深圳市吸引了大量电子信息、互联网和人工智能企业进入智能驾驶软件开发领域，通过更新迭代智能驾驶软件相关技术，有效推动了新能源汽车的智能化发展。这一举措为新能源汽车注入了更多科技元素，提升了消费者对新能源汽车的兴趣和需求。

2. 新能源汽车产业政策能够解决企业"骗补"问题

新能源汽车产业政策的目标之一是促进新能源汽车市场的发展和需求的提升，而在政策实施过程中，确实存在企业滥用政策、夸大产能和销售量等行为，以获取政府补贴的问题，即所谓的"骗补"问题。而相关产业政策能够在一定程度上缓解"骗补"现象。

（二）产业政策促进新能源汽车需求方面的成效

总体来看，深圳市政府产业政策的有效实施为新能源汽车产业的发展提供了坚实的需求基础，一系列产业发展支持政策在促进新能源汽车需求方面取得了显著成效。目前，深圳市已成为全球新能源汽车产业链最完整的城市，在以比亚迪为代表的整车制造企业的带动下，在动力电池、电机电控、智能驾驶、基础设施、汽车后市场等领域衍生出一大批产业链和价值链核心企业，初步形成"一超多强"的企业发展格局，已经培育出1家年产值千亿元规模的企业、4家年产值百亿元以上规模的企业、22家年产值超过十亿元规模的企业，并且完成了低附加值产品的规模效益、高附加值产品的国产替代、核心关键环节到全产业链覆盖、多产业主体并存的产业链架构。同时，深圳市已形成从生产到消费较为完善的闭环式市场，不仅能够满足本地消费需求自给，同时能够凭借优秀的产品力和成本优势满足国内和全球的产品市场需求。

深圳市新能源汽车产业政策的实施为私人和企业提供了更多购车选择和便利，降低了购车门槛，增强了购车需求。充电设施建设和停车优惠政策提供了便捷的充电服务和停车环境，进一步激发了购车需求。金融支持政策为购车提供了更多的融资选择，直接刺激了消费者的购车热情。从市场终端数据来看，深圳市新能源汽车发展完成了城市公共服务领域向私人乘用领域的逐步渗透，截至2023年6月末，深圳市新能源汽车保有量达86万辆，渗透率超过60%，居世界前列，其中2022年度新增22万辆，计划到2025年保有量达130万辆，绿色交通出行的分担率达81%。深圳市还重点关注新能源汽车充电基础设施建设，在充电桩产业链条上就集结了20余家深圳上市公司，布局在充电模块制造、充电桩运营等领域。截至2022年11月底，已实现12万个（含公用快充3.8万个）新能源汽车充电桩的正常运营，其中月亮湾大道铲湾路项目输出功率最大达600kW。在多次试验中，新能源汽车充电桩实现仅用5分钟即可充满50%～80%的电池容量。深圳市政府还鼓励新能源汽车产业与新一代信息技术的深度融合，通过光储充、V2G等技术，高效利用能源和实现电网稳定安全运行，建成了粤港澳大湾区首个具备车网双向互动示范项目龙华民兴苑V2G示范站；能源补给基础设施建设方面，实现6座综合能源补给站的运营，其中1座油氢电综合能源服务站、1座油气合建站和4座油电合建站。

此外，在智能驾驶软件开发的引导也提升了消费者对新能源汽车的兴趣和需求。

随着智能化时代交通和出行被重新定义，新能源汽车产业的边界也在不断拓展，依托深圳市在电子信息产业方面的沉淀优势，吸引了众多电子信息、互联网、人工智能企业参与到5G、高精地图、语音识别等通用技术和智能座舱、智能驾驶、车联网等车用技术的开发过程中，逐步实现新兴技术与新能源汽车产品深度融合创新。

四、深圳市新能源汽车产业政策需求效应的政策启示

（一）产业政策能够有效驱动新能源汽车市场需求

世界各国都在加大环保宣传和减排力度，均推出了一系列的环保政策和激励措施，鼓励消费者购买新能源汽车。这些政策将进一步推动新能源汽车需求的增长，特别是在城市拥堵和空气污染问题日益严重的地区。基于以上趋势，深圳市可以进一步优化相关产业政策，以更好地促进新能源汽车需求的增长。

1. 加大优惠和激励力度

深圳市可以考虑增加新能源汽车购置优惠力度，降低消费者购买成本，形成能够促进消费者购买使用新能源汽车的激励机制。这包括直接的购车补贴、免费或优惠的车辆牌照费用、充电设施建设补贴等。通过提供经济激励，可以鼓励更多消费者选择新能源汽车。

2. 完善用电价格标准和充电基础设施建设

深圳市可以制定差别化的用电价格政策，鼓励在非高峰时段进行充电，减少对电网的冲击，并降低消费者充电成本。此外，扩大充电基础设施建设规模，不仅要提高充电桩的覆盖率，还要提升充电桩的充电速度，使消费者充电过程更具便利性和高效性，从而间接提高新能源汽车的需求。

3. 推动公共交通和出租车电动化

深圳市可以鼓励和支持公共交通和出租车行业的电动化转型。通过引导和扶持公共交通公司和出租车行业购买、使用新能源汽车，可以提高新能源汽车的可见度和接受度，同时减少城市交通的尾气排放，改善空气质量。

4. 消费者教育和推广活动

加大对消费者关于新能源汽车方面知识的教育和宣传，提高其对新能源汽车的认知和了解。可以组织推广活动、举办论坛和培训等，向消费者介绍新能源汽车的优势，解答相关问题，并提供试驾和体验活动，让消费者亲身感受新能源汽车的驾驶体验。

5. 促进产业链协同发展

深圳市可以以鼓励新能源汽车相关产业链、创新链协同发展为目标，出台相应的政策并成立相应的协调组织机构，联动创新资源、产业资源，提高整个产业的竞争力和创新能力。通过支持研发和创新、引导企业间的合作与联盟，降低企业间协作成本，

重点关注产品质量和技术水平的提升，推动新能源汽车产业链的集成和优化，进一步释放消费者的需求和消费潜力。

（二）产业政策能够推动技术进步和促进产品创新

随着技术的不断进步和成本的降低，新能源汽车的性能得到显著提升，包括续航里程的增加、补能效率的提高以及智能驾驶系统的普及等先进功能的应用。这些技术进步和产品创新不仅能够提升消费者对新能源汽车的兴趣，还有利于推动消费者释放其潜在购车和用车需求。随着科技的不断进步和消费者对新能源汽车的多样化、个性化需求的增加，深圳市可以在技术创新和产品丰富化方面进行改进，以满足未来对新能源汽车需求的趋势。

1. 提升电池技术和续航里程

电池技术是新能源汽车的核心关键技术之一。深圳市可以鼓励和支持电池技术的研发和创新，提高电池的能量密度、充电速度和寿命，从而延长新能源汽车的续航里程，提升用户的使用体验。

2. 推动充电技术和基础设施创新

充电技术和基础设施是新能源汽车普及的关键因素之一。深圳市可以推动充电技术的创新，包括快速充电、无线充电和充电效率的提升。同时，加大对充电基础设施的建设力度，提高充电桩的覆盖率和充电速度，以满足用户的充电需求。

3. 加强智能化和互联网技术应用

随着智能化和互联网技术的发展，新能源汽车与智能化、互联网、人工智能等技术的结合将为用户带来更好的用车体验。深圳市可以鼓励企业在车联网、自动驾驶、智能交通等领域进行创新，推动新能源汽车的智能化发展，提供更智能、便捷、安全的出行服务。

4. 丰富车型序列和产品个性化

消费者对新能源汽车的需求呈现多样化的趋势。深圳市可以鼓励企业推出更多种类的新能源汽车车型，涵盖轿车、SUV、MPV、跑车等不同车型，满足细分市场需求。同时，鼓励企业进行差异化设计和定制化服务，满足不同消费者的个性化需求。

5. 引导新能源汽车与其他领域的融合创新

新能源汽车产业与能源、智能城市、物联网等领域的融合创新将带来更广阔的发展空间。深圳市可以推动新能源汽车与可再生能源、能源储存、智慧充电桩等领域的协同发展，形成产业链条的完整闭环，提升新能源汽车的整体竞争力。

（三）产业政策能够提高智能化和信息化融合程度

新能源汽车将与智能化和信息化技术的融合越来越紧密，已经成为汽车产业发展的必然趋势。智能驾驶、车联网、人工智能等技术的应用将为消费者提供更便捷、安全、智能的出行体验，进一步推动新能源汽车需求的增长。在智能化和互联信息化融合的趋势下，深圳市相关产业政策的改进方向可以包括加强产业协同和合作、制定智能化标准和规范、建设智能化基础设施以及提供智能出行服务。这些措施将有助于推动新能源汽车与智能化和信息化技术的融合，满足消费者对便捷、安全、智能出行的需求，进一步促进新能源汽车需求的增长。

1. 加强产业协同和合作

政府可以推动新能源汽车产业链上、下游企业之间的合作与协同，促进智能化和信息化技术在整个产业链的应用。政府可以组织行业联盟、技术合作平台等机制，鼓励企业间的技术共享、资源整合，加速智能化和信息化技术在新能源汽车产业的推广和应用。

2. 制定智能化标准和规范

政府可以制定智能化和信息化技术在新能源汽车领域的标准和规范，为企业提供明确的技术要求和指导。标准化有助于推动技术的交流和合作，降低产品研发和生产成本，提高整个产业的竞争力。

3. 建设智能化基础设施

政府可以加大对智能化基础设施建设的投入，包括建设智能充电桩、车联网通信基础设施、智能交通管理系统等。这些基础设施的建设将为智能化和信息化技术的应用提供支撑，提升新能源汽车的用户体验和安全性。

4. 提供智能出行服务

政府可以鼓励企业开展智能出行服务，包括智能导航、车辆远程控制、预约充电等功能。政府可以与企业合作，推动智能出行平台的建设，为消费者提供便捷、个性化的出行解决方案，提升新能源汽车的市场竞争力。

（四）产业政策能够促进监管和政策体系不断完善

在现有新能源汽车市场需求趋势下，加强对新能源汽车产业的监管是必要的。这样做有助于保护消费者权益，确保新能源汽车产品的质量和安全符合标准要求，促进产业的健康发展，防止"骗补"和政策滥用，维护市场的公平竞争环境，提高行业的信誉度和形象。通过严格的监管措施，政府能够确保新能源汽车产业在稳定环境下发展，满足消费者需求，推动行业向高质量、高效能的方向发展，实现长期的社会经济效益。深圳市可以通过加强市场监管促进新能源汽车产业的健康发展，以满足新能源汽车市场需求。

1. 政策规范和监管加强

政府加强了对新能源汽车企业的监管力度，制定更加严格的政策规定和监督措施，确保企业按照政策规定的要求进行生产和销售。政府对企业的补贴资金进行有效监管，对违规企业进行严厉处罚。

2. 审核和核查制度完善

建立健全的审核和核查制度，对企业的产能、销售数据等进行严格审核和核实，确保企业提供真实、准确的数据和信息。政府对企业的申报材料进行严格审查，加强对关键数据的抽查核实，防止虚报和欺诈行为。

3. 验收和追溯体系建设

建立新能源汽车生产和销售的验收制度，对企业的生产工艺、产品质量、销售网络等进行评估和验收，确保符合相关标准和要求。同时建立追溯体系，对补贴资金使用情况进行跟踪和追溯，及时发现问题并进行处理。

4. 数据共享和信息公开

政府与企业之间建立信息共享机制，确保政府能够及时了解到企业的真实情况，同时要求企业主动提供相关数据和信息。政府加强信息公开，向社会公布相关政策、补贴标准、企业名单等信息，提高透明度，让公众和媒体监督政策的执行情况。

5. 多方合作和联合惩戒机制

政府与行业协会、第三方机构等建立合作关系，共同监督和管理新能源汽车市场，形成合力。建立联合惩戒机制，对违规企业实施联合处罚，包括取消补贴资格、列入黑名单、限制市场准入等措施，形成对违规企业的震慑作用。

第六章　新能源汽车产业链发展对策

第一节　新能源汽车技术创新

核心技术是新能源汽车产业链发展能否取得重大突破的重中之重。为了实现弯道超越，意欲涉足新能源汽车产业链的企业和科研机构应当奋发有为，掌握更多拥有自主知识产权的核心技术，更应该加大对新能源汽车各个链环生产技术研发的投入，努力打造自主新能源汽车品牌，增强我国新能源汽车产业链的核心竞争力。

一、通过加大研发投入及人才引进的力度掌控核心技术

我国要想在未来的新能源汽车产业链核心技术掌控竞赛中拔得头筹，就应当加大对新能源汽车产业链各项关键技术投入的力度，推动自主创新，构筑自身特有的知识产权城堡。目前来看，新能源汽车产业链仍受诸多不确定性因素支配，也就是说，还有许多未知技术空间可供开发，这为研究人员大展拳脚、施展才华留下了余地。具体如下。

第一，应高度重视在新能源汽车产业链领域的相关基础研究。过去，我们普遍认为新能源汽车产业链大体思路已经清晰，只进行应用研究及开发研究即可。事实上，新能源汽车的性价比与传统汽车的性价比还存在一定差距，这也是新能源汽车尚未对传统汽车形成颠覆及替代的一个重要原因。因此，应加大对基础研究的投入，力争能获得相应突破，取得颠覆性创新的成果。新能源汽车产业链相关基础研究的开展应以政府投入资金为主导，以高校及科研单位为主体，尽可能吸引企业资金及企业研究团队介入，争取从研究选题、方案设计、方案实施、结项评价等各个环节做到理论与实践相结合。相关基础研究的突破性进展并予以应用，将极大地推动新能源汽车产业链的发展。这些相关基础研究的成果甚至可能是颠覆性的，甚至会改变现有新能源汽车产业链的技术范式。

第二，对新能源汽车产业链的应用研究也不容忽视。除了相关基础研究应重点突破，应用研究也应加速推动。随着石油等不可再生资源渐趋枯竭以及环境保护的逐步严格，在政府优惠政策的扶持下，新能源汽车已悄然为市场所接受。汽车业界应当认

清这一形式，加速在新能源汽车产业链领域布局，找准自己的定位，把控系列核心技术。要做到这一点，志在发展新能源汽车产业链的企业应担当起相关应用研究的任务。在新能源汽车产业链应用研究中，应以若干核心企业和科研机构为主体，并吸纳各利益相关主体以适当的方式介入。这些应用研究的目的应以问题为导向，针对新能源汽车产业链中企业面临的重大现实问题展开。

第三，新能源汽车产业链还应做好相应开发研究。在既有的政策环境和技术环境下，国内外许多厂商都在尝试做新能源汽车产业链的开发并力图将其推向市场，赢得发展的先机。在新能源汽车产业链开发研究环节中，我们也不能一味徘徊、等待，而应奋发有为，开发设计出能为市场所接受的全新产品，获取相应的市场份额，并树立自身的品牌形象，为日后的进一步发展打下基础。新能源汽车产业链开发研究应贴近市场、贴近顾客，其研究设计主体应以新能源汽车产业链中的企业为主体，在构建研发团队时应将技术设计人员、消费者等囊括其中。新能源汽车产业链开发研究中应考虑融合互联网、智能制造、大数据等新的元素，跨界融合，以顺应汽车产业的转型发展。

第四，在新能源汽车产业链的基础研究、应用研究及开发研究中，各级地方政府应做好协调。各级地方政府应做好规划，充分利用本地资源，发挥自身优势，争取在关键点取得创新。各级地方政府应整合各地研发力量，加大对研发资金的投入，形成若干技术联盟。这些技术联盟应跟随新能源汽车发展战略，有针对性地、集中性地进行技术研发，在新能源汽车动力等核心技术上取得具有自主知识产权的突破。同时，积极吸引省外研发力量，通过技术联合攻关，实现合作开发并实现知识及技术的共享，以降低研发的风险。

在未来，新能源汽车产业链要想掌握核心技术，并获得市场控制力，各层次、各类型的人才引入及培养就显得极为重要。人才因素是核心技术的关键因素，二者是因果关系。而核心技术的掌控及应用又是企业、产业乃至产业链有无竞争力的关键因素，二者亦是因果关系。由此可知，人才因素、核心技术、产业链竞争力是一条因果链。就新能源汽车产业链人才引进与培养而言，可以具体采取以下措施。

第一，目前来看，随着国内经济的发展和收入水平的大幅提高，国内外差距正在进一步缩小，国内已经具备吸引海内外高层次人才的物资基础。近些年，内地省市重庆、成都对高层次人才的吸引即是明证。因此，新能源汽车产业链各利益相关主体应将高层次人才的引进工作作为重中之重，再出重拳，引进新能源汽车研究与开发方面的各类顶级人才，形成人才高地。可以考虑推行若干高层次人才计划，解决引进人员的待遇及研究经费问题，消除地区因素对高层次人才配置的不利影响，使高层次人才能扎根，安心做好新能源汽车产业链研究与开发工作。

第二，除了高层次人才，也需要吸纳及培养一般科研人才。我们知道，仅仅只有高层次人才，而没有各层次人才的聚集，研发团队也难以构建，高层次人才的作用发挥也会受到制约。因此，应当采取措施吸引新能源汽车产业链相应的研发人员簇拥在高层次人才周围，尤其是要吸引新近毕业的博士及研究生优秀硕士研究生，打造若干在国内外有影响力的新能源汽车产业链科研团队。而且，对各层次人才的吸纳不能只是一阵风，而应是一个持续性的、常态化的过程。对一般科研人员的吸引不一定完全是短期的物质激励，而应结合未来长期的学习与成长，通过事业留人，才能使其真正全身心投入新能源汽车产业链研发中。

第三，为了让各类、各层次人才能安心为新能源汽车产业链发展做出贡献，要做好配套生活环境建设，解决各类、各层次人才的后顾之忧。应充分利用教育资源，在教育和养老领域痛下针砭，做大做强教育及养老产业，创立自己的独特模式，并将教育及养老产业发展的成果适度向新能源汽车产业链研发人员倾斜。

第四，为了让各类、各层次人才能在新能源汽车产业链研究与开发中最大限度地发挥其作用，应打造全新的科教软环境。可以说，这只是一个开端，打破传统的科教体制还有很长的路要走。例如，科教人员如何分类考核、如何激励科教人员服务社会、科教人员的成果转化如何评价等，这些因素都会掣肘科教人员的发挥。因此，高校应在改革科教体制方面做足文章，如科教单位"去行政化"、管理人员职业化、科教人员分类管理、完善科教单位考核机制、科教成果产权的界定、推动科教成果转化等。唯其如此，科技体制才能发生大的变化，科教环境才能逐步优化。在科教环境优化的背景下，才能最大限度地发挥新能源汽车产业链中研究人员的才智，使新能源汽车产业链掌控更多的核心技术，并推动新能源汽车产业链加速发展。

二、通过"政产学研"合作掌控核心技术

在未来的发展中，新能源汽车产业链要想获取一定的技术优势，就需要产业链相关关键利益相关者的充分参与和通力配合。这些关键利益相关者包括各级政府、高校、科研机构、产业界等。只有通过"政产学研"的有效合作，才能尽快实现掌控新能源汽车产业链核心技术的目标。一般而言，新兴产业完全依赖自身的成长而走向成熟的过程将会非常漫长，而各级政府、高校及科研单位的研发团队的协助，将起到催化与加速的作用。

政府作为重要的利益相关者，其在新能源汽车产业链的发展过程中扮演着政策制定者及产业推动者角色。新能源汽车产业链发展面临中央政府、省政府及市（县）政府等多级政府系列利益相关者，只有中央政府、省政府及市（县）政府在新能源汽车产业链发展方面的政策有效协调，新能源汽车产业链发展才有可能进入快车道。总体

来看，在新能源汽车产业链的发展过程中，中央政府主要负责产业政策的引领、节能减排的整体推动、投入资源的分配等；省政府主要负责政策的细化、产业发展的战略制定、中央投入的配套与补充等；市（县）政府主要负责政策的落地与实施、对重点企业的帮扶、营造企业发展良好的环境等。当前，中央政府正谋求转型发展的新路径，十分重视战略性新兴产业的发展，其中当然包括新能源汽车产业。为了支持新能源汽车产业的发展，中央政府也出台了许多政策及帮扶措施，这为发展新能源汽车产业链营造了良好的氛围。但中央政府一般会站在全局的高度来进行新能源汽车产业链布局，新能源汽车产业链发展不能只依赖中央政府的政策及扶持。依据中央政府、省政府在新能源汽车产业链研究与开发中提供的政策与投入安排，市（县）政府应积极行动起来，因地制宜制定切实可行的相应扶持政策以及本地新能源汽车产业链研究与开发的规划，大力推动本地新能源汽车产业链的集群与企业簇群。只有中央政府、省政府及市（县）政府在政策与研发投入方面形成合力，新能源汽车产业链中的企业才能更好地投入研究与开发中，并最终掌控大量新能源汽车产业链核心技术。

　　当前，高校教育普遍存在理论与实践联系并不紧密，社会服务功能尚未完全发挥。为改变这种局面，应推动高教系统体制机制变革。首先，应适时推动在高校的"去行政化"。配合中央实施的机关事业单位养老医疗方式的变革，实现高校养老医疗的社会化。在此前提下，促进高校管理人员的逐步职业化。在养老医疗体制社会化的背景下，建立高校管理人员能进能出、能上能下的机制。其次，在高校"去行政化"的背景下，将学术权力与行政权力的边界做适当区分，其原因就在于行政权力的过度膨胀与扩张会导致学术行为变形。再次，要让高校教研人员自觉投身到新能源汽车产业链的研究与开发活动中，就必须突出高校社会服务的功能。众所周知，高校具有人才培养、学术研究和社会服务三大功能。目前来看，高校对人才培养、学术研究较为关注，而对社会服务的重视程度还有待提升。然后，为了让高校教研人员安心于社会服务工作，应推动高校教研人员考核体制的变革。对高校教研人员应按教学、科研、社会服务进行分类考核，教学人员应以教学工作质与量为主要考核依据，科研人员应以学术研究成果的水平为标准，社会服务人员应以服务社会的成绩为尺度。对三类教研人员分别给出不同的晋升通道，确立不同的考核标准。唯其如此，高校部分教研人员才会心无旁骛地投入新能源汽车产业链研究与开发等实践活动中。最后，高校的经费来源不应一味只盯着政府经费和学费，其经费来源可以逐步实现多元化，如企业委托的项目、校友捐款。高校要想办学经费有所斩获，就需奋力提升人才培养、科学研究及社会服务的水平。综上所述，高校在突破体制机制绑缚的背景下，才会更好地融入新能源汽车产业链研究与开发中来，新能源汽车产业链才更有把握掌控核心技术。

　　新能源汽车产业链要掌控核心技术也需要专门的科研机构进行攻关。当前，众多的科研机构如何整合科研力量构筑若干专司新能源汽车产业链研究与开发的科研机构显得至关重要。首先，专司新能源汽车产业链研究与开发的科研机构应采取存量机构改组与新设相结合的方式。应根据实际情况，在对现有科研机构进行盘点的基础上，进行改组与整合，做强做大新能源汽车产业链研发团队。另外，依据新能源汽车产业链发展的需要，也可考虑新设若干专业化的研究机构。这些科研机构将是新能源汽车产业链发展的重要保证。其次，这些科研机构的形式可以多样化：一是设立的部门可以多样化，政府、高校、企业都可以设立；二是经费来源可以多样化，这些科研机构的经费不局限于某一个单一的单位；三是这些科研机构既可以采取事业单位形式，也可以采取企业单位形式；四是研究人员的来源可以多元化，鼓励高校、科研机构及企业跨界构建研究团队，就项目进行联合攻关。再次，这些致力于新能源汽车产业链研究与开发的科研机构应建立全新的体制机制，为推动高水平的研究做出制度安排，如应避免出现"行政化"倾向、应加强对团队的考核、应有失败豁免条款等。只有这样才能鼓励合作，并大胆探索未知领域。最后，应鼓励这些科研机构将研究成果转化。新能源汽车产业链领域研发的最终目的是为实践所用，这些研发成果只有为市场检验才能证明自身的价值。要促进新能源汽车产业链研究成果转化，就应在选题方面注重问题导向。另外，在研究成果转化的收益方面应建立多方投入主体的分享机制，而且应向核心研究人员倾斜。

新能源汽车产业链中相关企业也应外引内联，主动与高校和科研机构合作，尽量掌握更多的核心技术。随着我国综合成本的逐步提升，企业过去依赖人力、土地等资源的低成本竞争战略将难以为继，必须转型到依赖创新的轨道上来。新能源汽车产业链还是待开发的处女地，还有许多未知领域，相关企业应提早介入、早日布局，为后续发展做出铺垫。首先，国有大型汽车企业应进行深化改革，推动技术创新，尤其要在新能源汽车产业链研究与开发方面加大投入力度。总体来看，国有汽车企业还是囿于传统汽车的生产与销售，在新能源汽车产业链研究与开发方面的投入还显得不足。为此，国有汽车企业应进一步推动体制机制变革，以改革促创新，具体包括缩短国有企业决策链，完善董事会及经理层的责任清单、权力清单和负面清单，加大对高层团队创新指标的考核，打造一流的开放性的研发团队、构筑企业创新型文化等。唯其如此，才能使国有企业在新能源汽车产业链研究与开发中提速，并引领新能源汽车产业链发展。其次，新能源汽车产业链发展是一篇大的文章，需要产业链上下游许多企业和研究机构等的共同努力才能完成。在此进程中，国有汽车企业可以发挥骨干及核心作用，通过与高校、科研单位及民营企业等的合作，开发出有自主知识产权的专利及专有技术，最终实现对产业链纵向及横向的控制。在合作中，不同产权性质、不同组织目标、不同技术领域的跨界有效融合程度，将在一定程度上影响新能源汽车产业链发展的水平。例如，就目前情形来看，企业和高校的研究存在一定重复性，这就导致资源的浪费及力量的分散。企业应专注于产品研发、系统集成、流程优化、标准及规范制定、生产线质量体系建设，以及产品的应用推广；高校则是专门从事关键技术研究和前沿技术探索，专注于单项技术的突破和应用。实现校企合作，新能源汽车研发企业在开发自身研发资源之余，应充分利用高校科研力量，将高校优势科研资源投入到汽车研发当中去，进而迸发出更大的推动力。最后，新能源汽车产业链要想获得竞争优势，需要努力获取动力电池及系统的安全性、一致性、可靠性与低成本等关键技术。这就需要动力电池企业加强对整车的了解以及与整车企业的配合，并在续航里程、充电寿命、电池价格等方面获得突破。电机未来的发展不仅需要满足整车的需要，还需要具有一定的优势领先国际水平。电机技术是新能源汽车中的关键一环，电机应能在能源转化效率、抗疲劳能力、性价比等方面迈上新的台阶。电控技术是从汽车系统总体方面进行控制的重要技术，其应在方案设计优化、新材料等方面有所突破，形成内在优势。

第二节　战略制定与运营管理

新能源汽车产业链未来的卓越发展离不开高瞻远瞩的战略制定，以及战略通过运营的落地实施。只有审时度势地制定出与外部环境及内部条件相契合的战略，新能源汽车产业链才能在将来的市场中找准自己的定位。而且，对新能源汽车产业链发展的谋划，需要通过运作策略、新产品开发、流程的优化、质量控制与标准化认证、物流与供应链管理等运营管理模块的完善来实现。

一、制定明晰的发展战略框架

我国在新能源汽车产业链发展方面尚未取得先发优势，其中一个重要原因就是缺乏从政府到企业的战略框架体系。这里的战略框架体系是指政府要制定新能源汽车产业链发展的规划，同时新能源汽车产业链中的企业要有自己的战略规划。新能源汽车产业链中的企业在战略制定与实施方面一直都比较落后，有些企业甚至根本就没有战略思维，有些企业虽然能够意识到战略制定与实施的重要性，但是不能制定出与企业目标相符合的发展战略，战略地图不明晰，这些都制约着新能源汽车产业链中企业的发展。

政府应对新能源汽车产业链未来的发展进行系统规划。依据中央政府发展新能源汽车产业链的政策，可以针对中央对各地已有的定位，完善在发展新能源汽车产业链方面的战略规划。首先，政府应意识到制定新能源汽车产业链发展规划的重要性。一般来讲，凡事"预则立，不预则废"。没有规划，任其自由发展，可能会出现两种情况：一是出现发展不足的情况，即新能源汽车产业链由于存在较大滞障因素，以至于在原地徘徊。企业指望政府扶持，政府期望企业自我发展，形成一种死循环；二是出现恶性竞争的状态，即对于已经得到市场认可的产品及技术一哄而起，纷纷上马，形成资源过度配置的状态。因此，政府应高度重视新能源汽车产业链规划的制定。其次，政府制定新能源汽车产业链规划应考虑其他国家以及国内其他省市的发展状况。只有掌握国内外动态，才能合理吸收他人的经验，而且可以尽量避免出现低水平重复投入的现象。政府制定新能源汽车产业链规划应秉持差异化竞争的理念，找寻属于新能源汽车产业链发展的蓝海。同时，各个地区也应主动与外部其他区域取得联系，推动与新能源汽车产业链相关主体间建立跨地域联盟，促进合作竞争。再次，政府针对新能源汽车产业链发展的规划不应只是局限某一环节，而应通盘考虑整条产业链。各地方政府在未来不应只瞄准新能源汽车组装环节，而应系统规划产业链各个环节，如动力装置环节、传统装置环节等。也就是说，各地方政府在未来应谋求的是整条新能源汽车产业链的综合竞争力。在这条产业链上，企业和机构应掌控相关核心环节，并构筑了一定的产业壁垒。又次，各地方政府制定的新能源汽车产业规划应在省内区域中做好布局，避免省内区域间出现同质化竞争的局面。各地方政府制定的规划应鼓励省内各地域和相关企业开创自身独特的成长路径，支持相关企业及机构进行新能源汽车不同技术范式的研究与开发。其原因就在于，新能源汽车还处于导入期，许多技术还未定型，主流技术范式还处于形成过程中，不同技术范式间的竞争将决定孰优孰劣。最后，各地方政府制定的规划要处理好政府和相关企业及机构之间的关系。各地方政府在新能源汽车产业链发展中扮演的角色应是推动者、监管者，而相关企业及机构则是实施者。各地方政府制定的规划应多从新能源汽车产业链发展的政策环境打造方面入手，营造新能源汽车产业链的良好氛围。也就是说，各地方政府制定规划不能越俎代庖，包办相关企业及机构应该完成的自身战略制定及实施过程。

顺应各地方政府就新能源汽车产业链做出的规划，与新能源汽车产业链相关的企业及科研单位也应适时而动，制定自身的总体战略、事业层战略及职能战略。各地方新能源汽车产业链中各企业及机构应充分了解国内外新能源汽车动态、政府的政策、消费者的消费倾向、自身的优势等内外部环境，明晰自身的定位，为未来发展进行谋划和布局。在汽车产业转型升级的背景下，抢占制高点，为各地保持及扩大现有汽车产业地位而努力。只有当新能源汽车的整车产量达到适度规模之后，石化、钢铁、电池、电机、金融、售后服务等新能源汽车产业链上的这些其他环节才能随之发展，才能保证新能源汽车产业链的竞争力和持续发展。为了应对市场上激烈的竞争，也为了降低研发成本，新能源汽车产业链中各企业及机构在未来可以采取战略联盟的方式，和其他企业一起发展新能源汽车产业链各环节的产品和服务，以便优势互补、风险共担、利益共享。

二、将战略定位贯穿于运营管理之中

战略要想落地，必然要通过日常运营的点滴积累才能实现。否则战略就成了海市蜃楼，与现实相去甚远。新能源汽车产业链各企业应将战略与运营结合起来，做到"知行合一"。只有这样，新能源汽车产业链才能获得竞争优势。新能源汽车产业链要想获得国内甚至国际竞争优势，其产业链动态能力能否有效提升是新能源汽车可持续发展的关键因素。

新能源汽车产业链动态能力提升涉及整合重置能力、柔性能力和学习与创新能力。首先，应重塑新能源汽车产业链的整合重置能力，加大对价值分配和活动整合的力度，重视链条内部各方利益的协调分配，建立高效运转的管理信息系统，更好地适应行业内外部环境变化；其次，应拉拢多方利益群体，构建全产业链研发联盟，加快建立多渠道人才引进机制，完善全方位的人才培养和教育体系，建立灵活多变的产业链条，提高产业链决策效率和效能；最后，应提高各利益相关者的创新意识，不断推进新能源汽车产业链的创新流程，建立合理有效的创新机制。

在新能源汽车产业链发展的导入期，基于创新的战略对于相关企业及科研机构来说是必不可少的。然而，创新战略要想落地必须通过运营管理中的研究与开发来实现。首先，新能源汽车产业链中的相关企业及机构应认识到研究与开发的重要性，从"要我创新"的状态向"我要创新"的状态转变，提升创新的主观能动性。过去，在一些产业领域中，曾出现为了应付政府的指标考核或者为了被动地取得政府的补贴而进行研究与开发投入的现象，以至于研究与开发的投入产出效率不高，最终制约了产业发展。研究与开发的投入要能达到支持相关企业及机构创新发展的目标，必然要求提升研究与开发的效率。要提升研究与开发的效率，就必须充分调动相关企业及科研机构的能动性。通过转机建制，使相关科研机构将目标锁定在满足新能源汽车产业链中企业的创新要求，使相关企业的研发定位在充分满足顾客的需求。其次，在新能源汽车产业链研究与开发的过程中，要科学合理地构建研究团队。研究团队的构成应有一定的开放性，要打破"画地为牢"的旧有模式。根据研究与开发项目的性质与特点来组建研究团队，如相关科研机构承担的基础及应用研究项目，应吸纳相关企业科研人员参与；而相关企业承担的应用及开发研究项目，应吸纳技术人员、外观设计人员、顾客、社团等多方人员参与。唯其如此，新能源汽车产业链的开发与设计才能更好地贴近市场。最后，应加强对新能源汽车产业链研究与开发的过程管理。应建立对相关研究与开发项目的过程与结果相结合的评价机制，这也是提高研发项目投入产出效率的重要举措。只有重视对过程的评价，才能避免仅仅用结果来评价的局限性。例如，可以在一定的条件下，包容研发项目结果的不理想，而这些结果对后续研究者有警示及借鉴意义。

新能源汽车产业链发展自始至终都离不开基于成本控制的战略。成本控制能力是新能源汽车产业链中企业获得竞争优势的一大法宝，谁能取得更低的成本，谁就更有生存与发展的机会。为了取得成本优势，新能源汽车产业链中企业可以采取以下措施：首先，新能源汽车产业链中企业可以不断优化流程。对流程的分析，可以发现冗余及瓶颈环节，并通过流程再造不断优化与完善，使流程简洁且协调，降低流程的运营成本。而且新能源汽车产业链中企业可以找寻若干标杆企业，比对自身的流程，进行作业成本分析，发现流程设计与运行环节的不足，逐步优化升级。其次，新能源汽车产业链中企业可以实施纵向一体化，向上下游延伸，以此进行垂直控制。产业链纵向一体化有利于上下游企业之间的协调，有利于压缩上下游企业之间的成本空间，从而达到成本节约的目的。新能源汽车产业链中上下游企业可以采取交叉持股的方式，形成以大企业为核心、小企业配套协作的聚合体。其中，大企业要冲破"大而全"的樊篱，小企业也要摆脱"小而全"的模式，企业之间要适当分工。另外，这种聚合体并不是封闭的、排外的，要通过市场检验的方式吐故纳新。上述举措将能增强新能源汽车产业链的重置能力及柔性能力，有利于控制住成本，并赢得核心竞争力。

新能源汽车产业链要能持续发展缺少不了基于质量的战略。众所周知，质量是立企之本，是构筑品牌、声誉的基础。从传统汽车产业中企业的质量水平现状来看，还有较大的改进空间。首先，新能源汽车产业链中企业应牢固树立质量意识，将"质量立企"作为自身的发展理念。而且，这种重视不仅仅只限于企业中的少数人，而应包括高管在内的所有人。只有企业上下一心、齐心协力专注于质量改进，新能源汽车产业链整体质量水平才能得以提升。其次，质量提升过程是一个持续的过程。没有最好，只有更好。其间，就必然包括大改进和微改进。大改进的数量相对较少，但影响较大，而微改进是日常都可以进行的。二者结合，点滴积累，必将优化企业的整体质量状况。最后，可以针对企业存在的质量问题，每年设立若干质量改进项目，成立相应的质量改进攻关小组，对质量问题进行系统调研，拿出建设性的解决方案。在此基础上，企业再选择时机予以推行，以此优化质量水平。同时，企业可以根据解决方案贡献的大小，奖励有功人员，形成示范效应。

新能源汽车产业链的卓越发展需要基于与其他产业融合发展的战略。任何产业的发展都不可能是孤立的，必然要求与其他产业充分交融。例如，智能手机产业，就融合了软件业、娱乐业等重要元素，因此才获得了巨大的成功。新能源汽车产业链要想获得较大发展，就需要融合物联网、智能制造、休闲娱乐等产业领域的最新动态，整合发展。首先，新能源汽车与物联网都将是未来重点发展的领域，二者必将走向融合。物联网是互联网的更高级形式，终将实现人与物、物与物的有效连接。新能源汽车产业链在各环节设计中，应融入最新的物联网技术，实现人与人、人与车、车与外物间的信息传递，并为远程控制提供支持。唯其如此，才能提高新能源汽车产业链使用的便捷性。其次，新能源汽车产业链离不开制造环节，必然也会融入智能制造的元素。一方面，新能源汽车产业链的制造系统应逐步智能化。通过专家与智能机器的合作延伸或甚至取代专家的脑力劳动；另一方面，新能源汽车本身也应塑造成智能设备。新能源汽车未来也应具有自学习功能，并进行分析判断和完善自身的行为。最后，人类社会的发展经历了农业经济、工业经济、服务经济及体验经济若干阶段。在体验经济阶段，新能源汽车产业链中企业就应注重使用的乐趣，即新能源汽车产业应与休闲娱乐产业融合发展。新能源汽车在将来不仅仅是定位为交通工具，而是将赋予更多娱乐与消遣功能。

三、激发消费者对新能源汽车的需求

我国人口基数巨大，消费者购买潜力超强。新能源汽车产业链中各企业想要抢占市场，就需要加大研发力度，研发出高质量且用户满意度高的新能源汽车，以贴近消费者的现实需求。

消费者，尤其是私家车顾客，是新能源汽车的直接使用群体，关注消费者的利益和体验，将会从根本上推动新能源汽车产业链的发展。目前，消费者对新能源汽车购买积极性普遍较低，其中一个重要原因就是未能充分调动消费者的需求，要激发消费者购买新能源汽车的积极性，需要从以下几方面着手。

第一，目前新能源汽车市场还处于孕育期，需要政府及相关企业协同努力培育这一新兴市场。从特斯拉、比亚迪等新能源汽车厂商发展的实践来看，新能源汽车已经初步具备市场化的条件，但是其性价比与传统汽车性价比还存在一定差距。此情况之下，政府应当给予新能源汽车适度的扶持。当然，这种扶持除了资金补贴和政策优惠，政府还应制定更为严格的限制传统汽车排放的标准，提升传统汽车使用的环境成本，缩小新能源汽车与传统汽车性价比差距的影响。同时，政府还应加大新能源汽车能促进"节能减排，环境保护"的宣传力度，营造新能源汽车使用的良好氛围。相关企业也应打"环保牌"，让新能源汽车消费者能以环境保护者自居，在全社会逐步形成使用新能源汽车的氛围。

第二，相关企业在新能源汽车设计中，应考虑将最新的技术成果融入新能源汽车中，这些技术包括互联网技术、信息技术、软件技术等；增加新能源汽车使用的乐趣，

使用户有良好的体验。而且新能源汽车可以考虑采用大量定制及模块化设计方法，差异化地锁定特定的目标群体，如爱好环保的成功人士、新生代消费者等。

第三，制定符合消费者需求和利益的新能源汽车目录，减少新能源汽车安全隐患。目前的新能源汽车目录存在很大问题，标准不合理，连新能源汽车百公里能耗标准值都还没有设定。一些厂家生产新能源汽车只是在原有的新能源汽车车型上进行简单修改，车上没有配备必要的节能设备，汽车耗能大、整车性能差，存在较大安全隐患。因此，为了降低消费者对新能源汽车安全的顾虑，厂家在生产新能源汽车时应根据新能源汽车的特殊性构造，学习国外，为新能源汽车进行车身设计，降低新能源汽车自燃、爆炸等危险的可能，提高消费者的购买积极性。

第四，降低新能源汽车购买和使用的总成本。私家车用户群购买新能源汽车担忧的另一个问题是新能源汽车购买成本高。电池成本高是造成新能源汽车成本高的主要原因，降低电池成本而又不影响电池的续航里程是一个长远的科研任务，短时间内无法得到解决。只能采用间接的办法"降低"新能源汽车的成本，除了持续上涨油价、提高燃油消费税等优惠政策，还可以改变充电模式。新能源汽车的能源费用仅是传统汽车能源费用的 10%～30%，充分利用这一大优势，降低消费者购买和使用的总成本。

第五，合理布置充电设备，方便消费者使用。目前，对新能源汽车充电有三种方案：完全普及充电桩、换电池和租赁电池。换电池的方式，花费比普通充电高，电池损坏也容易造成职责不明。电池租赁成本较高，目前在国内外都没有成功示范。而且中国人大多有一种产权自我拥有的强烈意识，希望自己拥有电池而不是租赁。如果是租赁方式，使用者对电池的保护意识也可能较差。可以为每个购买新能源汽车的消费者所在小区都安装充电桩，加油站的快速充电站仅作为紧急充电使用。传统汽车得到普及的一大原因就是有非常普及的加油站，结合新能源汽车使用的特点，应该加大对新能源汽车充电设备的安置，扩大充电桩的覆盖面，从而为消费者使用新能源汽车提供便利。充电桩的普及能解决新能源汽车能源使用的问题，这会极大方便消费者的使用。另外，新能源汽车作为一项新兴产业，应逐步加大售后服务体系建设，完善售后维修服务方案，保障消费者利益。

四、产业链中制造商应尽量满足顾客的需求

制造商要重新塑造观念，新能源汽车不是传统汽车的简单改装。当下，制造商对新能源汽车整车制造认识不够，仅仅是在原有传统汽车的基础上稍加改造，就作为新能源汽车的载体。新能源汽车是由多能源动力总成控制系统、电池及管理系统、电机及其控制系统三部分构成，与传统汽车构成有很大区别。要想在与国际新能源汽车制

造商竞争中取得胜利，就不能简单地进行改装来制造新能源汽车，应该根据新能源汽车的特性重新设计新能源汽车。

加大对制造商的扶持，培育龙头企业，带动汽车产业链的进一步完善。从全球产业发展的经验可以看出，一个产业的发展需要有龙头企业的带动作用。龙头企业作为产业组织资源的核心载体，是新能源汽车产业培育的关键，是产业可持续发展的重要支撑。借助新能源汽车发展的大好机会，利用各级政府对新能源汽车产业的支持，着力推进产业集群发展，利用各地具有的产业链优势，打造龙头企业成长的生态环境，培育新能源汽车产业链的龙头企业。

新能源汽车产业链中龙头企业及其关联企业应充分协作，在总体设计思路、局部系统协调、价值链传递等方面应瞄准顾客需求，避免出现总体与局部不一致的现象。新能源汽车整车的质量水平及顾客体验满意度依赖新能源汽车各环节的支撑，如新能源汽车整车的可靠性受制于各部件的可靠性，新能源汽车整车给用户的体验依赖外观设计、动力系统、传动系统、附加功能及售后服务等各环节的精妙配合。

第三节　政策扶持推动新能源汽车产业链发展

作为新兴产业，新能源汽车产业将优化产业结构，其产业链上下游的带动作用将为跨越式发展提供动力。当前，新能源汽车产业链发展面临的技术环境、市场环境、金融环境等均不太成熟，各方条件的完善都需要政府参与，各地方政府在新能源汽车产业链发展过程中发挥着助推及协调作用。

一、将各项政策落到实处

落实国家制定的优惠扶持政策，同时根据各地方经济及产业发展情况制定详细的实施办法。对于国家给予财政补助的项目，各地方政府要落实到位，并且自身也要给予一定的配套支持；对于国家没有给予的财政补贴，各地方政府要根据实际情况因地制宜地给予一定的补助。各地方政府应足够重视新能源汽车产业链的发展，综合利用各种政策。

在财政政策上，给予新能源汽车生产企业优惠贷款；在税收政策上，对新能源汽车零部件采购给予税收优惠政策，降低企业生产成本；政府带头购买，形成示范效应；消费者购买新能源汽车给予税收补贴，促进新能源汽车产业链发展。

在金融政策上，构建新型新能源汽车产业链金融信贷政策体系，完善相关法律法规，保障新能源汽车发展。目前，各地已初步形成集生产、研发、试运营、基础设备等于一体的新能源汽车产业链，已具备将新能源汽车打入各类市场的基础条件。然而，由于新能源汽车价格的劣势，需要政府给予一定购买补贴，才能带动消费者的购买积极性。

二、完善新能源汽车产业链发展的支撑体系

政府对新能源汽车的补助和资金支撑毕竟有限，许多技术研发缺乏足够的资金。各地市政府应大力招商引资，引进外部资金和技术带动新能源汽车产业链的发展。

各地方政府应将财政资金进行整合，构筑支持新能源汽车产业链发展的基金。以该基金为抓手，加大对新能源汽车产业链上下游的投入，打造自身产业链体系。通过信贷资本市场，政府帮助企业获得信贷支持及引进风险投资基金。

各地方政府应加大对新能源汽车的重视程度，充分利用本地的优势资源发展新能源汽车，加大对科研院校的经费投入，集中主要资源支持产业内龙头企业优先发展新能源汽车，加大对汽车产业内部的激励程度，提高汽车行业整体的发展水平。

三、明确新能源汽车产业链发展的路径

充分利用政府在新能源汽车产业发展初期的引导优势，制定新能源汽车的研发路线。根据国家电动汽车发展规划的精神，我国新能源汽车发展应主要以纯电动汽车为主要发展方向，目前可采取插电式混合动力、纯电动、燃料电池三种方式齐头并进的发展方式。

政府应在此基础上，根据各地具体的能源及实际情况，制定出恰当的技术研发路线，确保研发人员及机构少走弯路和错路。同时，政府部门应不断完善新能源汽车发展渠道建设，构建新能源汽车产业链发展的规章制度体系，保障新能源汽车厂商、供应商、消费者利益。

第四节　中国新能源汽车产业发展对策建议

一、创新推广新能源汽车方式提升市场购买需求

目前我国新能源汽车市场占有率低，消费者购买新能源汽车主动性不强。依靠补贴来刺激新能源汽车市场，不是长久之计，更重要的是提升消费者自主购置新能源汽车的需求。具体可以通过两方面来实施。一方面是对传统燃油汽车行驶给予限制，增加其购置成本，同时对新能源汽车给予行驶方面的优惠。目前，我国大多数城市给予新能源汽车"绿色牌照"，相应时间段不限行就是一种手段，还可以对新能源汽车给

予专属停车位、专属通道等特权。另一方面是加大对新能源汽车的性能优势与环境友好性的宣传力度。通过各种计划宣传新能源汽车的智能化、低碳化、轻量化等性能优势，提高消费者主动购买的欲望。再者，通过让消费者重视环境安全、能源安全等问题，使得消费者因为对这些问题的使命感，主动选择对环境更加友好的新能源汽车。

二、借鉴国际经验完善我国新能源汽车产业政策

我国新能源产业相关政策极大地促进了我国新能源汽车产业的发展，但是随着产业的发展也暴露出一些弊端。以新能源汽车补贴政策为例。中国新能源汽车补贴政策初期，因其力度过大，引起了部分车企违法骗补的事件。后来，引入了"规定车型补贴"和"退坡机制"与强有力的管理监督机制，补贴办法逐步被完善。购置补贴的办法虽然有助于快速推广新能源汽车，提高产销量，但是对于新能源汽车市场的可持续发展却有一定的阻碍。不合理的补贴，使得一些质量与技术水平落后以至于成本较低的公司取得优势，不利于市场的优胜劣汰，使得市场有"劣币驱除良币"的风险。因此，建立市场化的补贴机制，审慎运用补贴工具刺激需求，有利于新能源汽车市场公平的营造、技术水平的提升、企业骗补的风险降低。另外，在技术攻克方面，中国政府更加注重由政府统一谋划、部署对于新能源汽车前沿技术的攻克，有碍车企的自主性。未来可以通过借鉴日本等国家经验联合相关车企进行共同研发，加大对部分车企自主创新项目的财政支持力度，同时完善相关专利保护办法，更加积极地调动企业自主研发新技术的主动性，在照顾到政府统一谋划时也考虑到市场因素。

三、加强新能源汽车产业高层次人才培养与引进

发展与培育新能源汽车产业是缓解环境与能源压力，推动汽车产业良性发展与转型升级的紧迫任务，是我国实现从汽车大国向汽车强国转变的战略举措。当前我国新能源汽车虽然产量位居全球第一，但是产品以面向中低端市场为主，大而不强的问题依然存在。未来我国新能源汽车面临高质量发展的局面，对于核心技术与高级人才的需求将会越发重要。技术创新是产品保持生命力的重要手段，特别是对于新能源汽车这类新生产品，持续技术创新对该产业的发展具有重要意义。未来一段时间，中国政府应继续加大对新能源汽车技术研发的支持力度，实现核心技术的自主化。积极参与国际新能源汽车技术标准制定，使我国新能源汽车产业赢在起跑线上。汽车工业对大量工业产业有着带动作用，因此培育与引进更多的新能源汽车研发技术人才，将中国打造成全球新能源汽车人才聚集地之一，对提高我国工业基础、实现工业水平弯道超车具有现实意义。同时，应该重视传统燃油汽车技术人员向新能源汽车产业过渡转移的问题，因为新能源汽车与燃油汽车在一些技术方面有相同的地方，传统燃油汽车的技术人员稍加培训也可以为新能源汽车产业作出贡献。另外，为了将中国打造成全球

新能源汽车人才聚集地，合理引进国外人才必不可少，通过在制度上简化人才引进手续，保障人才生活水平，解决他们工作的后顾之忧也是接下来一段时间需要进行的工作。

四、合理优化产业布局培育区域经济新的增长点

当前，中国新能源汽车产业集中于华东、华中以及西南地区，在东北、华北、西北地区还亟待发展。对于产业密集地区，当地政府应该以更高的视野做好新能源产业的发展规划，以高标准吸引产业相关人才落户，利用好已有发展优势稳固其产业龙头地位。在发展中低端产品的同时，瞄准高端市场，以强而有力的竞争优势占领全球市场份额。对于东北、西北等产业欠密集区域，当地政府应该加大新能源汽车推广力度。通过以下手段在当地培育新能源汽车市场：第一，培养消费者环保与绿色出行理念；第二，完善道路与充电桩等基础设施；第三，探索与发展多种新型发电模式，降低电价；第四，通过加大对消费者购买新能源汽车的激励。当地政府还应该通过政策手段，利用当地固有优势，引导合理数量的新能源汽车生产基地落户，助力当地经济发展。例如，东北地区近年来经济下行压力大，而该地区一直以来有着生产传统燃油动力汽车的基础，相关配套产业完善，半熟练劳动力也较为充沛。该地域可以依托吉林大学、哈尔滨工业大学等相关高校，建立研发中心，并在该区域内选择合适的区位建厂，培育新的经济增长点和国际竞争优势。

五、完善配套产业建设与售后保障固废回收机制

新能源汽车的正常行驶与产品质量、配套产业完善程度都十分重要。近年来，国内外新能源汽车发生多起安全事故，不得不使人们将目光聚焦到新能源汽车的质量可靠性上。因此，建立健全严格的生产标准、售后保障有利于维护消费者合法的人身安全与财产安全，对于新能源汽车固废回收产业的建设，不仅有利于我国资源安全与再利用，对环境保护也具有一定的好处。目前，我国充电桩、加氢站等新能源汽车配套设施建设，整体上落后于我国新能源汽车推广工作，因此未来一段时间，还应加强新能源汽车相关配套基础设施的建设工作。

参考文献

[1] 胡川. 湖北省新能源汽车产业链发展对策研究 [M]. 武汉：武汉大学出版社，2016.

[2] 李家深. 广西新能源汽车产业发展报告 [M]. 南宁：广西科学技术出版社，2019.

[3] 叶福恒，庄继德，庄蔚敏. 汽车产业链完善与发展 [M]. 北京：机械工业出版社，2013.

[4] 朱盛镭. 新能源汽车产业 [M]. 上海：上海科学技术文献出版社，2014.

[5] 谢青. 中国新能源汽车产业的制度化过程研究 [M]. 武汉：湖北人民出版社，2018.

[6] 李俊亚，祝潇，吉文哲主编. 新能源汽车技术 [M]. 哈尔滨：哈尔滨工业大学出版社，2017.

[7] 王思宇，丁正荣，卢志强. 中国新能源汽车产业与技术发展研究 [J]. 时代汽车，2022（4）：111–112.

[8] 周辉. 新能源汽车发展及其对润滑油行业的影响研究 [J]. 现代商业，2022（22）：43–44.

[9] 杨荣华. 产业融合背景下的新能源汽车技术发展趋势研究 [J]. 时代汽车，2022（1）：119–120.

[10] 窦婧嘉. 税收政策对新能源汽车企业发展的影响研究 [J]. 时代汽车，2022（1）：117–118.

[11] 龙桂成. 论我国新能源汽车产业创新体系建设 [J]. 时代汽车，2022（2）：106–107.

[12] 左培文，朱培培，邵丽青. 新能源汽车动力电池产业发展特点与趋势分析 [J]. 汽车文摘，2022（1）：1–7.

[13] 纪奎. 低碳经济背景下新能源汽车产业发展趋势研究 [J]. 内燃机与配件，2021（23）：189–190.

[14] 范小群，谭冰 . 新能源汽车产业政策风险研究 [J]. 时代汽车，2021（23）：133–135.

[15] 王雪柠，翟媛，陈颢 . "十四五" 时期我国汽车产业发展趋势简析 [J]. 汽车工业研究，2021（4）：2–7.

[16] 陆明轩 . 新能源汽车发展现状及未来趋势 [J]. 合作经济与科技，2021（24）：28–29.

[17] 张骥 . 我国新能源汽车产业化发展现状研究及企业建议对策 [J]. 现代商业，2021（32）：80–83.

[18] 刘锴 . 中国新能源汽车产业发展情况分析与测算 [J]. 汽车纵横，2021（11）：16–20.

[19] 程骁凡，杨凯雯，潘志洋，等 . 中国新能源汽车产业发展现状及对策 [J]. 合作经济与科技，2021（22）：20–22.

[20] 万长东，杨克旺，管成武 . 新能源汽车产业政策现状与建议 [J]. 机电工程技术，2021，50（10）：1–3+145.

[21] 党相宝 . 我国新能源汽车产业链构建的可行性分析 [J]. 商场现代化，2015（3）：255–256.

[22] 王蓉 . 促进新能源汽车产业发展的财税政策研究 [D]. 吉林财经大学，2021.

[23] 石洁 . 新能源汽车产业政策性补贴对创新绩效影响的研究 [D]. 安徽大学，2021.

[24] 贝景怡 . 促进新能源汽车产业发展的税收政策研究 [D]. 中国财政科学研究院，2021.

[25] 奚丹阳 . 中国新能源汽车产业国际竞争力研究 [D]. 商务部国际贸易经济合作研究院，2021.

[26] 赖丝雨 . 促进我国新能源汽车产业发展税收优惠政策研究 [D]. 江西财经大学，2021.

[27] 李方生，赵世佳，胡友波 . 欧洲新能源汽车产业发展动向及对我国的启示 [J]. 汽车工程学报，2021，11（3）：157–163.

[28] 张鑫榕 . 我国新能源汽车产业政策府际合作网络研究 [D]. 长安大学，2021.

[29] 储纯纯 . 新能源汽车企业的经营效率和影响因素分析 [D]. 中国科学技术大学，2018.

[30] 刘昱影，何根源 . 广西新能源汽车产业链构建的政策建议 [J]. 现代商贸工业，2018，39（15）：5–7.

[31] 乔萍 . 北京市新能源汽车产业链创新研究 [D]. 北京理工大学，2016.

[32] 王鑫.我国新能源汽车产业经济影响与政策支撑研究 [D].中国地质大学（北京），2016.

[33] 浦洋.论我国新能源汽车的现状及发展战略 [D].外交学院，2015.

[34] 汪淑芳.中国新能源汽车产业链优化研究 [D].东华大学，2015.

[35] 李文辉.新能源汽车产业链构建研究 [D].郑州大学，2012.